丰 田

ミスゼロで
仕事が速くなる！
トヨタのすごい
改善術

［日］
若松义人 著
YOSHIHITO WAKAMATSU

朱悦玮 译

TOYOTA's

Amazing
Improvement
Techniques

Tasks can be accelerated
thanks to zero
mistake

改 善

北京时代华文书局

图书在版编目（CIP）数据

丰田改善 ／（日）若松义人著；朱悦玮译 . -- 北京：北京时代华文书局，2023.10
ISBN 978-7-5699-4366-5

Ⅰ．①丰… Ⅱ．①若… ②朱… Ⅲ．①丰田汽车公司－工业企业管理－经验
Ⅳ．① F431.364

中国国家版本馆 CIP 数据核字 (2023) 第 158761 号

MISS ZERO DE SHIGOTO GA HAYAKUNARU! TOYOTA NO SUGOI KAIZENJUTSU
Copyright © 2014 by Yoshihito WAKAMATSU
First published in Japan in 2014 by PHP Institute, Inc.
Simplified Chinese translation rights arranged with PHP Institute,
Inc. through Bardon-Chinese Media Agency

北京市版权局著作权合同登记号 图字：01-2022-5905

拼音书名 | FENGTIAN GAISHAN

出 版 人 | 陈　涛
策划编辑 | 周　磊
责任编辑 | 周　磊
责任校对 | 初海龙
装帧设计 | 程　慧　赵芝英
责任印制 | 訾　敬

出版发行 | 北京时代华文书局 http://www.bjsdsj.com.cn
　　　　　北京市东城区安定门外大街 138 号皇城国际大厦 A 座 8 层
　　　　　邮编：100011　电话：010-64263661　64261528
印　　刷 | 北京毅峰迅捷印刷有限公司　010-89581657
　　　　　（如发现印装质量问题，请与印刷厂联系调换）
开　　本 | 880 mm×1230 mm　1/32　印　张 | 6　字　数 | 132 千字
版　　次 | 2023 年 11 月第 1 版　　　印　次 | 2023 年 11 月第 1 次印刷
成品尺寸 | 145 mm×210 mm
定　　价 | 42.00 元

图解 通过不犯错来提高工作效率!

改善是激发智慧的系统
通过小实践取得大成果

碰壁的时候正是机会

在丰田生产方式中,有句话叫作"智慧的多少决定竞争的胜负"。

与别人做同样的事的人是不可能具有竞争力的。如果企业和同行业其他公司使用同样的设备,用同样的工作方法,那怎么可能在竞争中战胜对手呢?因此,给设备赋予"人类的智慧"是十分有必要的。也就是说,我们要比其他人拥有更精妙的工作方法。这其中包含智慧的多少,决定了竞争的胜负。

我回忆了一下丰田在这些年来究竟产生了多少改善提案。记得有一年,丰田执行的改善提案有65万个。丰田自从20世纪50年代开始实施改善制度以来,到目前为止的70多年间,假设平均一年有50万个改善提案的话,那总共也有3 500万个了。

这正是丰田成为世界第一汽车品牌的原动力。丰田每年生产超过

1 000万辆汽车，畅销几十个国家，创造出超过2万亿日元的利润，这一切都来自产生于现场的3 500万个改善提案。

或许这其中绝大多数改善提案都是很小很小的智慧结晶。但是100万个、200万个小智慧结晶累积起来，就会成为世界第一的力量，这就是丰田的改善教给我的道理。

改善往往是由一件小事开始的。当你感到"不好做""麻烦""奇怪"的时候，不是对这些感受置之不理，而是思考解决办法，并且进行尝试，这就会引发改善。或许改善一开始并不顺利，但最终成功时的成就感也是不可名状的。最终，改善的成果还会成为整个公司的财富。

很多公司每年都会迎来许多新人。这些新人难免会在工作中遇到一些问题。在遇到问题时，如果新人只知道一味地抱怨，那就无法取得任何进步，更无法提高自己。用自己的大脑思考"应该如何越过这个障碍"，这就是改善的开始。在这个过程中一定会产生智慧的结晶，从而使新人一步一步地成长，最终达到一个或许连他自己都没有预想到的高度。

人类的成长潜能是无限的

最近尝试走向世界舞台的日本年轻人越来越多。比如棒球选手的目标是进入美国职业棒球大联盟，而足球选手的目标则是去意大利足球甲级联赛和英格兰足球超级联赛踢球。当然，在艺术、科学以及商业领域也有很多年轻人都以走向世界舞台为目标而努力奋斗。不过，就算这些年轻人在日本取得了一定的成绩，但当他们刚刚走上世界舞台的时候都不会很顺利，甚至可以说碰壁的情况比较多。如果是体育选手的话，更会遭到媒体批评。

在这些年轻人中，有的没能越过这道屏障，但更多的年轻人则开始思考"问题出在哪里，我自己还有什么不足"，然后经过许许多多次尝试，最终成功地跨越了眼前的障碍。

这一切都是"改善"。改善的开始就是碰壁，遇到问题，发现不足，从而产生"想要更好地工作"的欲望。答案肯定没有那么好找。如果找不到答案还不去多尝试，那就只能空留遗憾，但是如果能够不断地思考，那就一定能够实现改善，然后才能向世界一流的目标更进一步。

丰田的"改善"既是产生于生产现场的系统，也是激发人类的智慧、培养智慧人类的系统。本书以丰田的诸多改善事例为基础，以人类的智慧为着眼点，为各行各业的职场人士甚至学生，提供许多能够即学即用的改善技巧。

所谓"改善"，就是改变现状、超越极限的行为。丰田已经用实际情况证明了每天积累的小改善究竟具有多大的力量。人类的成长潜力是无限的。在此，我由衷地希望诸位能够将"每日改善，每日实践"这句话牢记于心，在当今时代更好地工作、生活。

若松义人

目录

第一章　对工作进行改善的关键——"消除无用功"

01　找出什么是"无用功"，消除不能创造价值的行动／002

02　找出真正的原因，治标不治本的对策毫无意义／006

03　绝对不要"找东西"，不要的东西立即扔掉／010

04　不要太费力，要追求更轻松的方法／014

05　忍耐会使工作变得痛苦，用轻松的方法工作，让上班变成快乐的事／018

06　不要被规则束缚，要对规则持怀疑态度／022

07　不要和大家采取一样的方法，下多大功夫就有多强的竞争力／026

08　好变化与坏变化，明确什么是绝对不能改变的／030

09　成功时更要有危机感，积累资本才能进行挑战／034

专栏:丰田生产方式的故事1

　"自働化"就是为了将人类从设备看守者的角色之中解放出来／038

第二章　对自己进行改善的方法——"意识改革"

10　发现了就立刻去做，动口不如动手／042

11　让别人自己寻找答案:不要"直接告诉答案"，而应该"让人自己思考"／046

12 提高知识不如提高意识，不要迷信教科书而要重视现实 / 050

13 没有困难就创造困难，困境催生智慧 / 054

14 大胆改变，不要害怕失败，要敢于进行挑战 / 058

15 小错误也不能容忍，没有信心就无法催生出智慧 / 062

16 发现问题一定要去现场，自己的眼睛比数据更可靠 / 066

17 亲临现场，"从零开始思考"进行改善 / 070

18 不要轻易说"明白了"，只有实践过才有发言权 / 074

19 今日事，今日毕，即便是微小的努力，累积起来也能形成巨大的
力量 / 078

20 不要光说不做，实物才最有说服力 / 082

专栏:丰田生产方式的故事2
产生于日本并且走向世界的提高效率的生产方式——Just In Time / 086

第三章　对团队进行改善的体制——"可视化"

21 "前工序是神，后工序是客"，了解他们的信息是改善的开始 / 090

22 整体效率高于局部效率，站在比自己高两级的立场上思考 / 094

23 将成功案例在其他部门推广，信息要共享给整个公司 / 098

24 让全员参与思考，单独思考收效甚微 / 102

25 发现问题一定要改善，坚决找出真因 / 106

26 在进行改善的时候让合作企业也参与进来 / 110

27 让问题可视化，看不见问题就想不出办法 / 114

28 权限无法让人行动起来，要在说服和让对方理解上下功夫 / 118

29 作业标准要设定得留有余地，然后用大家的智慧进行充实 / 122

30 与用钱相比，用心褒奖更能够激发员工的好创意 / 126

31 manhour的计算是有限的，但manpower的思考是无限的／130

32 与其追究责任，不如找准原因／134

专栏:丰田生产方式的故事3
丰田生产方式是资源匮乏的日本的"梦幻技术"／138

第四章 对未来进行改善的循环方法——"良性循环"

33 对改善过的地方再次进行改善，用"更好的方法"持续成长／142

34 治疗不如预防，小的清扫习惯比大扫除更重要／146

35 创新就是"改善"的积累／150

36 "改善"的目的是什么？培养拥有智慧的人才／154

37 从"小改善"到"大改善"，脚踏实地比急功近利更好／158

38 多花些时间做决定，开始执行之后再追求效率／162

39 不要让工作中出现"暗箱"，尽可能自己做／166

40 "改善"的最终目标是让自己的工作变得没有必要／170

后记／174

第 一 章

对工作进行改善的关键
——"消除无用功"

01

找出什么是"无用功",消除不能创造价值的行动

"无用功"只会提高成本,关键在于提高价值的"有用功"

要想实现丰田生产方式的"改善",需要所有相关人员都对"什么是无用功"有统一的认识。

很多为了推广丰田生产方式而被派遣到合作企业的丰田员工,遇到的第一个问题就是"无法沟通"。

当然,这里所说的"无法沟通"不是语言上的障碍。比如,丰田的员工在看到仓库里堆积如山的产品库存时就会想到"这是产量过剩"造成的,但合作企业的员工认为"这是为了应对订单而必不可少的产品",根本没有意识到这是问题。甚至在同一个公司的员工之间也存在着"无用功""不是无用功""公司需要无用功"等不同的认识。

在这样的情况下,不管怎么强调"消除无用功"都没有用,很难取得任何改善。

丰田生产方式所说的"无用功",指的是无法提高附加价值的现象和结果。如果用一句话来概括,那就是"只会提高成本的生产要素"。

通过对生产现场进行观察我们就会发现,工作内容包括无用功、正式作业和附加作业三项。

动作,包括"作业"与"无用功"。

作业,包括"正式作业"与"附加作业"。

"无用功"是在工作中毫无必要、只会提高成本的动作,需要立刻消除。改善要先从消除"无用功"开始。

"附加作业"是诸如打开零件包装、改变工作内容时的等待过程等无法提高附加价值的工作。这本来属于无用功,但也是工作中必不可少的。因此,要想消除这些附加作业就需要改变工作条件。

"正式作业"是能够提高附加价值的作业,也就是生产。提高动作中正式作业的比例是改善的关键。

丰田生产方式的创始人大野耐一先生经常强调"让动作有意义"。这就是说,不管做出多少动作,如果动作中有用功所占的比例太低,那么动作仍然是毫无意义的。

将工作细分化,逐一检查必要性

要想找出生产现场的"无用功",可以先将工作分解成"安装零件""按下按钮""搬运成品"等工作要素,然后逐一分析"是否真的有必要""为什么要用这种方法"。

如果是非生产部门的话，可以将"是否对顾客有用"作为标准来对工作进行检查。不管资料做得多么好，如果没人看，无法利用起来的话，那就是无用功。按照"谁是顾客""是否对顾客有帮助"的条件对工作要素逐一进行分析，将对顾客没有帮助的工作彻底地消除掉即可。

综上所述，所谓"动作"，指的就是能够推进流程、完成工作的行动。

这就是世界标准！

要想提高工作效率和降低成本，就必须对工作中的"无用功""附加作业"和"正式作业"有统一的认识。只有统一认识之后，大家才能够发现哪些是"无用功"，从而开始进行改善。

"什么是无用功?"大家要有统一认识

认识不统一的话就无法进行改善

拥有统一认识尤为关键

丰田生产方式所说的"无用功"是指……

无法提高附加价值的现象和结果!

发现无用功的关键在于对作业的意义逐一分析

以生产A零件的作业为例……

| 安装零件 | 按下按钮 | 搬运成品 |

 + +

思考"这项作业的真正目的"

丰田的独到之处

不管做出多少动作,没有生产性的行动都是无用功

02

找出真正的原因，治标不治本的对策毫无意义

治标不治本的对策无法消除无用功

在发现无用功之后，我们应该重复思考五次"为什么会出现无用功"，找出隐藏在表面原因之下的"真因"。只针对表面上的原因采取对策无法从根本上消除无用功。就算暂时解决了问题，但同样的问题肯定还会再次出现。

有一家汽车修理厂，尽管拥有很多修理工和完善的设备，但经常无法按照预定的计划完成工作。比如，他们告诉顾客"下午五点的时候就能修好"，但当顾客来取车的时候，车却还没修好。更严重的是，他们甚至连什么时候能修好都不知道。

这样的情况肯定会使公司失去顾客的信赖。尽管每次出现延误的时候总经理都会大发雷霆，要求员工"提高工作效率"，"就算加班也要按时完成工作"，但始终没有取得任何改善。

黔驴技穷的总经理向一位在丰田工作的朋友求助，他的朋友这样问道：

"你们公司经常出现这种无法按时完成工作的情况吗？"

听到这个问题，总经理才意识到，在绝大多数的情况下他们都能够按时完成工作，不仅如此，有时还提前完成工作导致工人们很闲。但是，拖了很久都没修好的情况也时有发生。

总经理如实回答之后，他的朋友给出了如下的建议：

"你们的工作安排有问题，所以闲的时候很闲，忙的时候却无法按时完成工作。这样不但会导致你们失去顾客的信赖，还会使员工和设备出现无用功。只有改变工作安排才能解决你们公司的问题。"

不找出真因就会做出错误的"改善"

如果将工作都安排在月末或者假期结束后的一段时间，那么就必须在这段时间集中投入人员和设备，结果就会出现时而人员、设备空闲，时而员工被迫加班和设备超负荷工作的情况。

如果没有找出工作安排不合理的真正原因，那就可能采取继续追加人员与设备投入甚至增加员工劳动量的错误对策，而这样的"改善"是毫无意义的。

最终，这家汽车修理厂的总经理采取了改变工作安排的对策。于是，工作中的无用功逐渐消除了，延误的情况也大大减少。人员与设备都得到了充分利用。

对丰田生产方式来说，当仪器和设备出现损坏的时候，必须分清"修缮"和"修理"之间的区别。前者只是让仪器和设备能够重新使用，而后者则是让仪器和设备焕然一新。

在进行改善的时候必须先找出真因，这样才能避免采取错误的对策。

✏ 这就是世界标准！

丰田生产方式认为，正因为工作之中存在不合理的地方，所以才会出现无用功。因此，在消除无用功的时候不能只盯着无用功，而应该至少重复五次问"为什么"，找出导致无用功的真正原因。

先找出导致问题的真正原因

因为无法按时完成工作而苦恼的汽车修理厂

无法按时完成工作的情况都出现
在特定的时期

丰田的独到之处

反复问"为什么",找出真因,采取措施

03

绝对不要"找东西"，不要的东西立即扔掉

找东西就是典型的无用功

要想了解一个公司的"生产力"，最好的办法就是到他们的仓库去看一看。如果库存堆积如山，而生产需要的零件和材料的数量与位置不能一目了然的话，那这家公司的"生产力"就可想而知了。

一个人的工作能力也是如此。如果他的办公桌上书籍和资料堆积如山，而有用的资料和数据不能一目了然的话，那这个人的工作能力就值得怀疑。

大野耐一先生曾经说过"现场管理必须同时包括整理与整顿"。

整理：将不需要的东西处理掉，使现场保持干净整洁。

整顿：能够让任何人在任何时间迅速地拿出需要的物品。

有一家公司的总经理A先生想将丰田生产方式导入自己的公司，于是去丰田的工厂参观。当他发现"没有人找东西"的时候，不禁感

到十分惊讶。在丰田的工厂里，不管仓库还是生产线都进行了彻底地整理与整顿，什么东西在什么地方、有多少个，全都一目了然。

这位总经理回到自己的公司之后，看到的却是完全相反的景象，物品摆放乱成一团，员工浪费大量时间在找东西上。

A先生认识到要想消除无用功，关键在于从一开始就创建出一个"没有无用功的状态"，于是他立刻着手进行整理与整顿。

彻底进行整理与整顿并将这一状态保持下去

首先，需要进行的是整理。

比如，以"过去一个月以上没有使用并且未来一个月以内没有使用计划的东西"为基准进行处理，给不需要的东西贴上标签，建立一个"处理物品一览表"，写上理由和状态进行处理。在处理物品的时候不能因为"今后可能还会用到"而犹豫不决，必须干脆利落地处理掉。将不需要的物品全都处理掉之后，你会发现获得了大量空间。

其次，需要进行的是整顿。

整顿的第一步是决定摆放的位置，然后是一目了然的位置标示、种类标示以及数量标示。

在进行完整理与整顿之后，还要经常进行清洁与清扫以使这一状态保持下去。很多企业都会例行公事一般地强调"5S（整理、整顿、清洁、清扫、素养）"，但实际上只要能够做到整理与整顿，就不用走那种形式了。

A先生的公司通过贯彻整理、整顿实现了生产改革。

尽管整理与整顿又被称为"断舍离"和"收拾的魔法",但最重要的基准是"对于必要的东西在什么地方是否一目了然,能否迅速地拿出来"。

无论是工作、日常生活还是体育运动,做好基础工作都是必不可少的。如果没有打好基础就去追求更高的目标,肯定难以成功。整理和整顿正是改善的基础。

> ## ✐ 这就是世界标准!
>
> 必须先认识到"找东西就是无用功",绝对不能以"我知道东西在哪儿"为借口而不进行整理和整顿。丰田生产方式"改善"的基础是保持"任何东西都一目了然、能够立刻取用"的状态。

丰田生产方式"改善"的第一步是"整理、整顿"

想要导入丰田生产方式的A先生

真整洁啊!

参观丰田工厂的时候

回到自己公司的时候

需要的东西　　不需要的东西

首先处理掉不要的东西

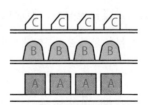

然后决定摆放的位置

通过贯彻整理与整顿进行生产改革

丰田的独到之处

保持"任何东西都一目了然、能够立刻取用"的状态

04

不要太费力，要追求更轻松的方法

开动脑筋思考不费力的方法

很多人都感慨"自己每天那么努力却无法取得成果"。但实际上，这些人是真正努力了吗？

要想实现丰田生产方式中"改善"提倡的"让动作有意义"，那就不能只是盲目地感慨，而应该思考"为什么要采用这种方法""这项工作的目的是什么""有没有更加轻松的方法"。在这种情况下，我们需要做的是认真分析工作的流程，而不是盲目地埋头苦干。

大野耐一先生认为，上司在查看部下工作的时候应该"思考如何让部下轻松地进行工作，不能满足于现状也不能放弃思考，必须找出更加轻松的方法来消除无用功"。

改善从思考"为什么如此辛苦"开始

有一次大野先生与工厂厂长一起在丰田的工厂里巡视时，发现有一名员工在十分辛苦地搬运气缸体。

工厂厂长见状对那名员工说："您辛苦啦！"

但大野先生问道："为什么他要搬运气缸体？"

经过调查后发现，因为辊道输送机坏了，一时间没办法修好，所以只能依靠员工自己来搬运气缸体。于是大野先生对工厂厂长说：

"怎么能让员工这样工作呢？搬运气缸体这种事本来就不应该由员工来做。你立刻去确认一下其他地方还有没有类似的问题。"

工厂厂长急忙把车间主任都叫了过来进行询问，结果发现因为机械故障导致的类似情况还有三处。

大野先生严厉地训斥了工厂厂长和车间主任。

"你们每天都在现场，却看不到员工是否遇到了困难、是否在做无用功，那你们在现场还有什么用？你们应该仔细思考自己能够为员工们做些什么。"

如果发现有人工作很辛苦，上司应该马上想："他为什么这么辛苦？是不是工作方法有什么问题？"如果发现有人总是忙来忙去的，上司也应该思考"为什么"。

上司之所以会将"工作辛苦"错误地理解为"工作努力"，是因为他们缺乏"发现无用功的能力"和"改善的能力"。

上司的任务不是让部下努力工作，而是让部下能够轻轻松松地完成工作。部下努力工作不等于辛苦工作，而是应当以正确的方法取得成果。

如果总是重复无用功，那么就算付出再多辛苦也没办法取得理想的成果。

> ✎ **这就是世界标准！**
>
> 工作难免会辛苦忙碌，甚至加班。但对于工作中的辛苦，绝对不能想当然地将其与"努力"画上等号，而应该先思考："如此辛苦是正确的方法吗？""加班就真的能够取得成果吗？"

追求轻松的工作方法

开动脑筋思考如何才能轻轻松松地完成工作!

不要只看表面的努力，而应该重视工作的方法

大野先生巡视丰田工厂时的故事

为什么员工要自己搬运气缸体?

为什么你没发现现场存在的问题?!

上司应该想办法让部下能够轻轻松松地完成工作

丰田的独到之处

思考"如此辛苦究竟有什么意义"

05

忍耐会使工作变得痛苦，
用轻松的方法工作，让上班变成快乐的事

忍耐会使工作变得痛苦，从而难以取得成果

在工作的时候，我们难免会处于不便、不满、不快乐、不自由等负面状态。如果对于这些负面的状态一味地忍耐，那么工作就会变得痛苦，并且难以取得成果。持续的负面状态最终会导致员工不满的情绪爆发甚至辞去工作。

反之，如果将这些负面的状态看作是引发改善的契机，那么工作就会变得轻松愉快，不但更容易取得成果，还可以提高员工的工作积极性。

但实际上，绝大多数人都出于"发牢骚可能会招致上司和同事的批评""只要适应一段时间大概就会习惯"之类的想法，将负面情绪隐藏在自己的内心之中。

有一位采取丰田生产方式开展管理工作的总经理B先生曾经这样

对员工说道：

"如果你们觉得工作辛苦或者枯燥，就一定要思考怎样做才能让工作变得轻松，因为这样可能会引发改善。"

仔细观察就可以在工作中发现许多改善的契机

除了由领导提出的自上而下的"改善"之外，绝大多数"改善"都是由在现场工作的员工以"要是能够这样做就好了"为契机提出的。但是在B先生的公司之中，类似这样的改善案例却是少之又少。最常见的情况是"请提出一些改善提案吧"，回答是"提不出来"。

为了打破这种局面，B先生给员工做出了更加具体的指示："改善的线索就隐藏在你们平时工作中感觉辛苦、不方便以及不自由的地方。"

比如，有一个工具，员工使用起来非常不方便，那么思考"如何让其更容易使用"就是改善提案。就算自己想不出什么好办法，但如果和同事们一起商量，最终一定能够找到解决的办法。

就这样，B先生公司的员工不断地提出改善提案，最多的时候一个月甚至提出了1 000多个改善提案。通过将这些改善提案逐一执行，公司的业绩得到了大幅提高。

在进行改善的时候，改变员工的意识最为重要。有一位员工这样说："以前我来公司上班的时候，只想着'要是能早点下班就好了'，注意力都集中在时间上。但现在我的注意力都放在思考改善提案上，上班也变成了一件很快乐的事。"

本田（本田技研工业）的创始人本田宗一郎先生曾经说过，参观的关键就在于观察的"观"。他说："让牛倌画牛，他甚至不知道牛角和牛耳哪一个在前。但画家只要看一眼就可以准确地画出来。这就是观察的重要性。"

工作中存在的负面状态以及诸多不便，我们可以通过仔细"观察"将它们找出来，以此成为改善的契机。

✏ 这就是世界标准！

即便是非常微小的不便和不满也不应该忍耐，养成思考"有没有更好的方法"的习惯。尽管并不能每次都想出好办法，但只要养成思考的习惯就一定能够找到更好的方法。虽然忍耐是一种美德，但一直忍耐的话就会使工作变得痛苦。

即便只是非常微小的不便和不满也不要忍耐

极少有改善提案的B先生的公司

员工的意识发生了改变！

丰田的独到之处

通过观察找出每天工作之中的不便之处，将其作为改善的契机

06

不要被规则束缚，要对规则持怀疑态度

没有干劲的人往往喜欢用"规则"作为挡箭牌

当一个改善提案被提出来的时候，总会有人以"规则"为借口表示反对。在这种时候，我们需要对规则的内容进行仔细分析，因为规则经常被用来作为"不想做"的借口。

规则不是法律，在绝大多数的情况下都是可以修改的，甚至是必须修改的。

某公司在改善会议上主要讨论了"C部门加班时间太多，如何减少加班时间"这个问题。

C部门的主要工作任务是从客户与销售部获取订单信息，进行汇总，确认库存情况，对不足的部分进行补充，每天有三次繁忙时段。

第一次是早晨，用来处理客户夜间发来的订单信息。第二次是午后，用来处理销售部上午发来的订单信息。第三次是下午5点之后的

一个小时。因为公司5点钟下班，所以C部门每天都要加班。

C部门提出的加班原因是"销售部每天都在4点半之后才发来订单信息，所以只能加班"。销售部解释说："4点到4点半之间无法发送订单信息。"

最终发现的原因让大家大吃一惊。

原来在很久以前，4点到4点半之间计算机都被财务部占用，所以形成了"销售部只能在4点半之后发送信息"的规则。

当规则成为造成工作停滞的元凶之时，就必须对规则进行改变

现在，财务部占用计算机的情况早已经成为历史，销售部什么时候都可以发送信息。但是，由于之前定下的规则没有被废除，销售部也没有对其进行深入思考而一直坚持了下来。C部门则根本不知道自己之所以每天都要加班，是因为一条已经毫无意义的规则。

最终的结果是，这条规则被当场废除，C部门从此以后不必天天加班了。

类似这种因为与现状不符的规则而导致产生"无用功"的例子比比皆是。除了规则之外，还有"预算不足""没有先例""其他公司没有采取这种措施"等许多影响改善的理由。

但是，改善就是改变，绝对不能因为"现在这样就挺好""没有

必要改变"等意见而停滞不前。

丰田前总裁渡边捷昭先生曾经这样说过："停滞不前会导致倒退。停滞是阻碍'改善'的最大原因，所谓停滞指的就是陷入其他问题。"

遵守规则固然重要，但如果规则是造成工作停滞的元凶，那就必须对规则进行改变，提出更好的方法或者符合现状的方法，制定新的规则。

✎ 这就是世界标准！

在工作中，我们难免被业界常识和规则束缚，导致无法进行灵活思考。在重视常识与规则的同时，我们也应该时刻对其保持怀疑的态度。"错误的规则必须改变"就是丰田生产方式的"改善"。

改变造成工作停滞的规则

因为不符合现状的规则而产生"无用功"的公司

废除与现状不符的规则，制定新的规则

丰田的独到之处

对常识和规则保持怀疑的态度

07

不要和大家采取一样的方法，
下多大功夫就有多强的竞争力

即便拥有最新型的设备，但不在使用上下功夫仍然没有竞争力

在这个世界上，有"使用机械设备的人"，也有"被机械设备使用的人"。

曾经，美国生产的机械设备比日本生产的机械设备拥有更高的性能。丰田购买了一台美国生产的新型设备，技术人员向大野耐一先生汇报说："我们购入了一台很棒的设备。"

于是两个人进行了如下的问答。

"这台设备是你研发的吗？"

"不，这是从美国引进的。"

"在日本，只有我们丰田有这台设备吗？"

"不，日产汽车之前也引进过。"

"我们用花费了昂贵的运费从美国进口的设备来生产零件,再制造成汽车出口给美国,出口时还要花费昂贵的运费。我们这样生产的汽车能在价格上战胜美国生产的汽车吗?答案是否定的,因此我们不能采用和美国相同的方法。"

随后,大野先生又观察了设备的使用情况。

"为什么这台设备需要三个人操作?"

"因为在美国,这台设备就是三个人操作的。"

"美国用三个人的话,在日本就要想办法只用一个人。如果和美国一样也用三个人,那就必须降低员工的工资。"

看起来,这位技术人员就是"被机械设备使用的人"。

自定义就是对机械设备的改善

丰田生产方式将"被机械设备使用的人"称为"说明书工程师",因为他们买来机械设备之后只会按照说明书和使用手册上的内容使用机械设备。

但这样做很难在竞争中取得胜利。

要想在竞争中获胜,我们就必须"使用机械设备"。如果说明书上要求"三个人操作",而我们在实际使用过程中思考"能不能用两个人或者一个人操作",对具体的操作方法进行改善,就可以取得比竞争对手更高的工作效率。

丰田的创始人丰田喜一郎先生在创业初期资金有限的情况下，宁愿厂房简陋也要使用最新型的生产设备。如果没有合适的设备就自己制造，对旧设备进行彻底改善。

如今，丰田拥有许多性能卓越的设备，就连年轻人也能够非常熟练地操作这些设备。但是，这些操作者是否用与他人不同的"自己的智慧"来操作设备呢？

丰田原总裁张富士夫先生曾经这样说道："买来设备，安排好员工，准备好材料，产品就会一个接一个地生产出来吗？并非如此。设备的使用方法、员工的工作态度，这些都是决定企业经营业绩的关键。"

用自己的智慧对设备的使用方法进行改善。不只是生产现场的机械设备，对于包括计算机软件在内的设备，我们都应该积极地进行改善。

这就是世界标准！

如果和别人用同样的方法使用同样的设备，我们是无法实现差异化的。丰田生产方式就是在使用设备的过程中加入自己的智慧。在设备上附加多少人类的智慧，就能相应地提高多少竞争力。如果我们完全按照说明书来使用设备，就无法取得超过他人的工作成果。

"使用机械设备的人"与"被机械设备使用的人"

丰田的某位技术人员与大野先生的故事

随后

如果使用手册上写需要"三个人",那就要想办法改善
使用方法,使操作人员减少到两个人或者一个人

丰田的独到之处

只有在使用方法中加入自己的智慧,自己才是使用机械设备的人

08

好变化与坏变化，
明确什么是绝对不能改变的

改变不能改变的东西是错误的做法

"降低成本"说起来非常简单，只要将数字输入电脑进行计算就可以了。但要实际降低成本却没那么简单，必须准确地区分出哪些东西是可以改变的，哪些是绝对不能改变的。

有一家食品公司想让自己的畅销商品成本再降低20%。但是按照传统的消除无用功的方法，最多只能再降低5%的成本就已经达到极限。于是，这家公司对所有成本重新进行分析。与其说是降低成本，不如说是成本改善更恰当。

要想降低食品的成本非常困难，因为顾客非常敏感与挑剔。品质、味道、口感哪怕有细微下降，顾客都会立刻感觉到"最近味道不行了"。

如果顾客的这种抱怨能直接表达出来倒也还好，但实际上绝大多

数的顾客都会采取"不买了""不去了"的应对措施。因此,只有等
销售额大幅下降或者店里冷清的时候,商家才能意识到出了问题。尽
管顾客喜欢便宜的商品,但对品质的要求仍然非常严格。

对于食品公司和餐饮产业来说,因为过于注重降低成本而导致顾
客流失的案例屡见不鲜,这种做法完全是本末倒置、得不偿失的。

分清什么是绝对不能改变的、什么是能改变的

于是,这家食品公司提出了两个目标。一个是"价格目标",另一
个是"品质目标"。也就是说,可以改变产品的形状和外观,但味道和
口感绝对不能改变,甚至要进一步提高。随后,这家公司就按照这两
个目标不断地进行尝试。

如果没有明确的目标,那么好不容易提出的改善提案就会落入
"降低价格、降低品质"的"价格陷阱"之中,因此这家食品公司的
做法是非常明智的。

但是,这样仍然难以降低20%的成本,他们又对生产方法和物流
进行了一些调整,终于成功地将成本降低了20%。

不只是食品行业,对于其他行业来说,也必须明确地区分出哪些
是可以改变的、哪些是绝对不能改变的。

比如成本与品质,或者成本与安全,如果没能建立起"必须将品
质与安全放在第一位,绝对不能改变"的大前提,那么就可能在降低

成本的时候因为牺牲了品质和安全而引发严重的问题。

效率与品质也一样。年轻时十分推崇丰田生产方式的苹果公司创始人史蒂夫·乔布斯就曾经对苹果公司的研发团队下达了一个非常矛盾的指示："与其急急忙忙地赶在发售日之前做出产品，不如推迟发售日期仔细研发，但我并不打算推迟发售日期。"

在现场，这种矛盾的情况时有发生。关键在于要明确，在进行改善的时候，什么是"不能改变的东西"，并且在这个问题上绝对不能有任何妥协。

/ 这就是世界标准！

追求低价和效率，很容易牺牲品质。但是，品质不佳的产品难以获得顾客青睐。改善的目的是增加产品的竞争力，因此我们必须避免这种本末倒置的"改善"。

能够改变的东西与绝对不能改变的东西

丰田的独到之处

要明确什么是绝对不能改变的

09

成功时更要有危机感，
积累资本才能进行挑战

陷入危机时再想对策就来不及了

究竟应该什么时候开始改善呢？找笔者进行咨询的企业大体上可以分为两种情况：一种是陷入危机之后才来咨询；另一种则是虽然经营十分顺利，但经营者却产生"这样下去不行"的危机感，因此前来咨询。

尽管从改善的动力上来说，前者更强一些，但在陷入危机之后再开始改善的话，能够采取的对策实在是非常有限。大野耐一先生就经常这样说："合理化应该在经营顺利、资本充足的时候进行，资金匮乏的时候除了裁员没有其他任何办法。这就好像减肥应该在肥胖的时候进行一样，都瘦得皮包骨头了哪还有赘肉去减肥呢？"改善也是一样，最好在经营顺利的时候进行。

比如在商品销售情况不错的时候，大部分企业都不会采取任何行动。因为他们觉得"如果采取多余的行动影响了销售就不好了"。但是，如果等销量开始下降之后才急急忙忙地采取对策，那就晚了。只有在销量不错的时候进行改变，才能够将好局面维持下去。

某建材公司在推行丰田生产方式进行生产改革的时候，正值"泡沫经济"时期，当时公司发展得十分顺利。

这家公司一直以来采取的都是少品种、大批量的生产方式。商品都保存在仓库之中，有订单的话就从仓库里直接发货。但用户的需求是多样化且多变的，这家公司的总经理认为"这种方法早晚会无法应对时代的变化"，于是决定转变为丰田生产方式的多品种、少批量生产方式。

但是他的想法遭到了公司上下一致反对，理由是"其他公司都没有做出任何改变，我们公司也不需要改变"。那位总经理则说："正因为现在我们公司经营得十分顺利，积累了一定的资本，所以才能够大胆地进行尝试。"他坚持推进改革。

他的努力没有白费，产品的生产周期（从接到订单到出货的时间）从"几十天"缩短到了"两小时"。

就在他们公司改革之后不久，"泡沫经济"便崩溃了。在其他同行都因为无法提高销量而大伤脑筋的时候，只有他们公司继续保持盈利。

越是经营顺利的时候越应该在改善上投入时间与资金

丰田在20世纪90年代初期开始研发"普锐斯"。当时，丰田的员工都沉浸在此前"泡沫经济"带来的幸福之中，已经完全失去了危机感。丰田集团的领导者则出于"丰田能够在21世纪继续生存下去吗"的危机意识进行了普锐斯的研发工作。

因为研发新项目需要大量资金，所以要想推进普锐斯的研发项目，只能在丰田如日中天的时候。

正如大野先生所说，改善就像是隐藏在地面之下的基础设施，平时都是看不见的。但是，当环境变得严峻之时，基础设施的价值就会显现出来。只有打好基础才能够在竞争中获胜，要是基础设施出了问题，企业终将遭到淘汰。

这就是世界标准！

人们大多会在遭遇失败或者结果不尽如人意的时候进行反省，而在成功或者结果很好的时候，反省的人则少之又少。但要想使自己变得更强，就必须在一切顺利的时候找出无用功和存在的问题并且加以改善。

合理化要在一切顺利的时候进行

应该在什么时候进行改善?

顺利时 或是 不顺利时 →

合理化应该
在经营顺利、
资本充足的时候
进行。

等销售情况不佳的时候再急急忙忙地进行改善就来不及了

在业绩上升期进行生产改革的建材公司

我要改变
生产方式!

反对!

反对!

不景气

在"泡沫经济"时期
进行改善

"泡沫经济"崩溃后仍然
能够保持盈利

普锐斯就诞生于"丰田能够在21世纪继续生存下去吗"
的危机意识之中

丰田的独到之处

越是一切顺利的时候,越应该找出无用功和存在的问题并且加以改善

"自働化"就是为了将人类
从设备看守者的角色之中解放出来

要想正确地理解丰田生产方式的"改善"，就必须先了解丰田生产方式采用的是什么样的思考方法。

每当有人问我"什么是丰田生产方式"的时候，我都会这样回答：

"将'自働化^①'和'Just In Time'（准时制）这两个丰田生产方式的支柱建立在人类智慧的基础之上。"

"自働化"是由丰田的创始人丰田佐吉先生提出的；"Just In Time"则是由丰田佐吉先生的长子丰田喜一郎先生提出的，我将在下一个专栏中为大家做详细说明。

---

① 自働化是让设备或系统拥有人的"智慧"，"働"强调人机结合，而不是单纯用机械代替人力。因此，自働化与一般意义上的自动化有不同的含义。

丰田佐吉先生是日本最有代表性的发明家之一，生于1867年，经历了明治时代与大正时代，于1930年去世。

当时，日本人被欧美人看作是"只会模仿的国民"。

丰田佐吉先生出生于一个贫穷的家庭，虽然小学毕业以后就立刻开始工作，但他拥有远大的志向。面对欧美人的蔑视与嘲笑，他决心"以日本人的力量做出伟大的发明"。后来，他真的凭借一己之力发明了自动织机，被称为"织机王"。

丰田佐吉先生发明的自动织机拥有当时世界顶尖的性能，不仅为日本纺织业的发展做出了巨大的贡献，还拥有一个前所未有的巨大优势，那就是当织机上的横丝或纵丝断了的时候，织机会自动停止。

纺织品哪怕只断一根线也会变成残次品。在此之前，为了防止出现断线，需要工人始终对机械的运转情况进行监视，出现断线就要立刻将线头接上或者及时地补充线轴。

但丰田佐吉先生发明的自动织机会在出现问题的时候自动停止，这样就不用担心会出现残次品了。

也就是说，这不但将人类从设备看守者的角色中解放了出来，还实现了"良品率100%"。

这就是"给机械设备赋予人类的智慧"，是与单纯的"自动化"完全不同的"自働化"。

只有人类才能从事智慧型的工作

丰田生产方式将这种"自働化"的制度导入所有的机械设备之中，一旦出现问题，设备就会立刻停止。

不仅如此，这种制度还被拓展到由人类操纵的生产线上，在出现问题的时候，操作者可以根据自己的判断来关停设备。

通过关停生产线使出现的问题能够被所有人看到，从而对真正的原因进行彻底调查和改善，这就是丰田生产方式的"自働化"。

另外，丰田佐吉先生"不要和竞争对手比谁接断线的速度更快，而是想办法造出不会断的线"的理念，也被丰田生产方式继承下来。

将断线尽快地接上是"修缮"，而找出断线的真正原因，造出不会断的线则是"修理"。

丰田生产方式的目标是"良品率100%"，因此"自働化"是必不可少的。但"自働化"不是为了让人类成为设备的看守者，而是为了让人类去做那些只有人类才能从事的"智慧型工作"。

正因为在丰田生产方式的"自働化"之中蕴含着关于生产与人才培养的重要思想，所以才成就了这样一个与众不同的"自働化"。

第 二 章

对自己进行改善的方法
——"意识改革"

10

发现了就立刻去做，动口不如动手

不管进行多少分析，如果没有具体的方案就无法开始行动

在丰田生产方式中，有一句关于"改善"的话叫作"不要做'诊断师'而要做'治疗师'"，意思是不要做只动口不动手的人。

大野耐一先生经常这样说："能对现场进行诊断的人有的是，但你们不能做这种'诊断师'，而必须成为能够对现场进行改善的'治疗师'。因为再多'诊断'都无法使现场变得更好。"

很多管理顾问和分析师，从始至终一直都在进行分析，但是拿不出关键的解决办法。他们最擅长的就是说"问题出在这里，必须想点办法解决才行"，但你要是问他们"那么具体应该怎么办才好呢"，他们则根本回答不上来，或者用一些空话和套话蒙混过关。

改善需要的不是"必须想点办法解决"的分析，而是"应该这样做才能解决"的具体办法。大野先生还说过这样的话：

"要是只会说空话、大话，那就不要（到现场）来了，等到能提出具体办法的时候再来。"

"你的任务不是判断产品究竟合格还是不合格，而是要想办法让产品全部合格。"

没有异议的话就提出异议

尽管要想进行改善，发现无用功是必不可少的，但因为发现无用功之后思考解决的办法十分麻烦，所以很多人选择对无用功视而不见。还有一些人虽然总是自以为是地提出问题，却认为"思考解决办法并不是我的工作"，只想做一个评论家。真正掌握丰田生产方式的人会对这样的人嗤之以鼻。

比如在汽车生产现场，除了组装车间之外还有车体车间、涂装车间、焊装车间以及冲压车间。任何一个车间出现问题，生产都无法顺利进行。当生产线因为出现问题而停止的时候，袖手旁观的人、抱怨"那个车间真拖后腿"的人，和带着部下一起赶往出现问题的车间帮忙进行改善的人，哪个人更值得信赖呢？

有时候，做"治疗师"确实很麻烦。就算提出了具体的办法，也会遭遇"无法实现""换成这样做更好"之类的反对意见，让人感觉自己好不容易想出来的主意竟然得不到赞同。

但是，异议本身也是促进改善的动力之一。大野先生曾经这样说道：

"如果没有人提出异议，可能是因为思考得还不够周全。因此，在没有异议的时候就自己提出异议，将所有的情况都考虑周全之后再开始行动。"

丰田的原董事长丰田英二先生也告诫员工不要做"诊断师"，尽管这是他在"泡沫经济"时期的发言，但放到如今也仍然适用：

"每个部门、每个员工，都逐渐变得不会用自己的头脑思考。'因为这是公司的方针''因为这是上司的指示'之类的想法根深蒂固，每个人都只会遵循现状而没有怀疑精神。"

✍ 这就是世界标准！

发现了就立刻采取行动。改善的目的不是发现无用功，而是通过实际行动来消除无用功。只有行动才能让现场变得更好、成本变得更低、生产效率变得更高。先消除自己心中的那个"诊断师"吧。

不要"必须想点办法解决",而要"应该这样做才能解决"

大野先生的口头禅:"成为治疗师"

找出具体的解决办法!

思考怎样才能让所有的产品都合格。

这里有问题,必须想点办法解决才行。

改善需要的是"应该这样做才能解决"的具体办法

改善需要动力

这样做!

无法实现!

换成这样做更好!

没有异议的话就自己提出异议。

就算提出具体的办法,遭到反驳和异议的情况也很多

异议本身也是促进改善的动力之一

丰田的独到之处

不要做一个只动口不动手的人

11

让别人自己寻找答案：
不要"直接告诉答案"，而应该"让人自己思考"

上司的任务不是"告诉部下答案"，而是"让部下自己思考"

丰田生产方式的"改善"经常强调的一点就是"自己寻找答案"。

当遇到问题的时候，与自己思考相比，部下一般更愿意先去寻求上司或者专业人士的解答与帮助。上司往往也愿意直接告诉部下解决问题的办法，因为这样做可以使工作进展得更加顺利，也省去了因为部下工作出现问题而帮其善后的麻烦。

但是，丰田生产方式的"改善"却并不提倡这种做法。因为不让部下思考，无法培养部下的"思考力"。让现场的员工自己发现问题、自己思考问题、自己解决问题，这才是丰田生产方式的做法。因此，上司不能"告诉部下答案"，而应该"让部下自己思考"。哪怕这样做要花费更多的时间，甚至可能还要为部下工作出现问题而善后，但培养部下的思考力是比什么都重要的事情。

对于那些总是直接告诉部下答案的上司，大野耐一先生也批评道："你不能像孩子的妈妈一样什么事都直接告诉孩子答案。"

不要急于求成，试错是重要的自我锻炼

丰田员工D在入职第五年制造一条生产线的时候出现了重大失误。尽管他认为自己制造的生产线天衣无缝，但实际上他并不知道机械臂的正确使用方法。抓取零件的机械臂和放下零件的机械臂之间需要一定的空间，因为不知道这一点，所以D没有预留出足够的空间，结果导致生产线无法正常运转。这是专业人士绝对不可能出现的低级错误。

就在他一筹莫展之际，大野先生刚好来现场视察。他问D："你是第一次用机械臂吗？"得到肯定的回答之后，大野先生在傍晚下班之后带着D去丰田其他工厂参观。当时工厂里的员工都下班了，大野先生亲自打开灯，带着D参观了工厂里各种类型的机械臂。

大野先生没有批评D，也没告诉他"这地方应该这样做"，但这次参观之行对D来说仍然获益匪浅。因为通过对这些机械臂的观察，他意识到了自己究竟错在何处。

如果是一般的上司，肯定会先责备D一番，然后找人重新制造生产线，但大野先生却让部下自己思考问题所在。

后来，当D重新制造生产线并完成，向大野先生进行报告的时

候，大野先生只是简单地说了一句"知道了"。尽管大野先生是一个急性子的人，但在促进员工自己思考和寻找答案的问题上，他却是个很有耐心的人。

丰田生产方式的"改善"不是效率竞赛，不能急于求成。任何成果都比不上培养自己思考的习惯更加重要。

据说，有一位著名的职业棒球投手，花了三年的时间练出一手绝招。因为这是在没有请教过任何前辈和教练的情况下，自己不断试错中总结出来的技巧，所以也是任何人都难以模仿的最强杀招。

🖉 **这就是世界标准！**

自己寻找答案的过程十分辛苦，有时候甚至可能遭遇重大失败。但是，自己思考、自己学习的过程却能够培养出强大的改善力，使自己不管遇到任何问题都敢于充满自信地进行挑战。上司不应该随随便便地告诉部下答案，部下也不应该轻易向上司寻求帮助。

上司的任务不是"告诉部下答案"，而是"让部下自己思考"

对出现重大失误的D进行指导

没有告诉答案，让部下自己意识到错误

丰田的独到之处

等员工自己找到答案

12

提高知识不如提高意识，
不要迷信教科书而要重视现实

意识是知识、智慧与经验的总和

人们往往认为降低成本需要的是"成本知识"，但实际并非这么简单。大野耐一先生就曾经指出，与"成本知识"相比，拥有"成本意识"更为重要。

成本知识：教科书式的单纯计算。

成本意识：基于现实的思考方法。

成本知识是"大量进货可以降低成本""大量生产可以降低单价"等经济常识。这些都是学校里教的、书本上写的，当然是有道理的。

但是，简单套用成本知识导致在现实社会中遭遇失败的例子可谓数不胜数。大批量生产固然能够降低成本，但无法保证生产出来的产品一定能够卖得出去，而卖不出去的产品成为积压库存就会造成损失。

金钱变成产品又变成库存。积压库存造成的损失十分巨大，原本以降低成本为目的生产的廉价产品，如果一直卖不出去就会变成积压库存，导致成本上升。

在避免出现多余库存的情况下，以尽可能低的成本生产足够销售的产品的思考方法就是"成本意识"。这些内容都是书本上没有的，只能在掌握成本知识的基础上再结合自己的智慧、直觉以及经验逐渐掌握。

利用基于现实的"成本意识"坚持每天不断地进行改善，这就是"丰田生产方式"。

不能千篇一律，要具体问题具体分析

丰田从2000年开始用了3年时间实施以削减30%的成本为目标的"CCC21"项目，成功削减了1万亿日元的成本。值得注意的是，30%的成本削减并非"一律30%"，而是"平均30%"。"CCC21"项目的负责人渡边捷昭先生这样说道：

"有的产品就算想尽一切办法也只能降低10%的成本，而有的产品则能够一下子降低50%的成本。关键在于不能拘泥于数字，而应该具体问题具体分析，把眼前的问题处理好。"

如果只看数字就很容易被"成本知识"束缚。脱离现实的措施会

对生产现场与合作企业造成负面的影响。

根据具体情况采取具体对策，使平均削减的成本达到目标值，这就是"成本意识"。

况且产品的售价也并非完全由公司决定。按照丰田生产方式的观点，"产品的价格应该由顾客决定"。售价并不是单纯参考成本计算出来的，而是由购买产品的顾客决定的。

作为生产方，片面地强调"很便宜"没有意义。"成本意识"是必不可少的。

知识与意识之间的差异，对"改善"来说都是共通的。拥有"问题意识"而非"问题知识"，才能发现真正的问题。进行改善的时候也是一样，我们需要的不是"改善知识"而是"改善意识"。

这就是世界标准！

"进行改善""多下功夫""生产更好的商品"等意识比知识更加重要。知识只有通过行动才能变成智慧。在进行改善的时候，与其死记硬背知识，不如时刻保持改善意识、坚持行动。

意识比知识更重要

| 成本知识 | : | 教科书式的单纯计算 |
| 成本意识 | : | 基于现实的思考方法 |

丰田生产方式认为成本意识更加重要

丰田通过"CCC21"项目在三年间降低了30%的成本

其特征是

削减50%

削减10%

并非一律
削减30%，
而是平均
削减30%。

丰田的独到之处

培养坚持改善、生产更好产品的意识

13

没有困难就创造困难，困境催生智慧

大困难催生大智慧

尽管丰田生产方式"改善"的基本方法是消除日常工作之中的无用功，但在遇到困境的时候也会采取大刀阔斧式的改善方法。

正所谓"大困难催生大智慧"。通过解决难题，自身的竞争力和创造力都可以得到大幅提升。

实际上，丰田生产方式本身就是为了解决难题而产生的。20世纪50年代，丰田因为陷入危机而裁减了1 600名员工。但随着朝鲜战争爆发，丰田接到了来自美军的巨额订单，一下子又面临增产的局面。

这就出现了一个难题：在大量裁员之后要如何建立起一个增产的体系呢？来自美军的订单是一时的。如果为了增产而重新雇用员工，那么当这批订单完成之后，丰田恐怕将再次陷入危机。丰田生产方式就是为了解决这个难题而产生的。

虽然大野先生知道，要想增产，最简单的办法就是增加人员与设备，但他还是这样说：

"在没有人员、设备甚至原材料的情况下面临'增加产量'的要求，我们显然是被逼上了绝路。那就只能集中一切智慧来寻找办法。这种困境正是催生创意的土壤，只有困境才能够催生出智慧。"

挑战"不可能"是实现飞跃的开始

与丰田颇有渊源的松下电器创始人松下幸之助先生也有"困境催生智慧"的故事。

有一次，他发现子公司的经营层全都满脸愁云的样子，于是便询问究竟发生了什么事，对方答道："我们的客户丰田公司要求我们将车载收音机的价格立即下调5%，在未来半年内继续下调15%，总共要下调20%。虽然我们也很想答应对方的要求，但如今我们只有3%的利润率，如果下调20%的价格，那就会出现亏损。"

松下先生思考了一会儿，说：

"在保证品质和性能绝对不能下降的前提下降低20%的价格，还要获取适当的利润，那就好好想一想，对产品进行重新设计吧。"

松下先生深知，如果只是将价格下调几个百分点，那么稍微在生产流程上下点功夫就足够了，但要在一下子下调20%价格的同时还保证获取适当的利润，那就必须取得飞跃式的进步才行。也就是将"不可能"变成"可能"。一年之后，松下电器果然成功地生产出了价格更低但能够保证利润的收音机。

丰田生产方式在减产时也一样能够提高生产效率。大野先生曾经这样说道：

"通过增加数量来提高生产效率的人，在这个世界上数不胜数。但在减少数量的时候仍然能够提高生产效率的人，在这个世界上就屈指可数了。只要多一个这样的人，企业的竞争力就会增强一分。"

这就是世界标准！

谁都不敢轻易挑战看似不可能实现的目标与困难的课题，但只要敢于进行挑战就可能取得飞跃式的进步。人类在与困难的斗争中能够激发出前所未有的智慧。有时候，自己创造困难磨炼自己，也是很有必要的。

飞跃式的进步来源于向"不可能"的挑战

丰田生产方式产生于20世纪50年代

 以现有的人员实现增产目标。

 啊?

大野先生经过苦心思索开创了

丰田生产方式

丰田与松下的故事

 希望能够将车载收音机的价格下调20%。

 怎么办?

 想办法在保证品质和性能绝对不能下降的前提下降低20%的价格,还要获取适当的利润。

松下幸之助先生

挑战"不可能"催生创新

丰田的独到之处

有时候,自己创造困难磨炼自己,也是很有必要的

14

大胆改变，不要害怕失败，要敢于进行挑战

上司通过改变自身来影响部下

为了实现飞跃式改善，上司往往会对部下说"不要害怕失败""要敢于进行挑战"之类的话，但只因为上司的这些话就大胆行动的部下却并不多。因为部下不仅听从上司的命令，还会对上司进行多角度观察。

大野耐一先生曾经说过："上司的评价方法会改变部下的行动。"因此，要想使改善顺利进行，上司必须先改变自己。

丰田的某位领导也说过这样的话：

"在丰田，不努力思考、不尝试挑战的人会遭到呵斥，而努力挑战却惨遭失败的人则不会受到任何批评。上司的责任不是对部下的创意和挑战进行批判，而是为其提供帮助。因此，部下才能够不断地试错。"

丰田英二先生不仅强调"不要害怕失败，要敢于进行挑战"，还要求员工将失败的经验总结成报告，将失败的经验传给新员工。

"失败中往往蕴含着非常宝贵的经验。如果一切顺利，其实并没有写报告的必要性，因为你取得的成果就是最好的报告，但失败的时候却应该将具体的内容都写进报告里面。"

上司要缓解部下"对失败的恐惧"

因为丰田生产方式采取的是按需生产的方式，所以有些工厂有时候只开工半天。当时身为高层管理者的大野先生经常告诉员工"没有工作的时候就好好休息吧"，但员工们仍然留在工厂里，开着灯忙来忙去。

大野先生指出这样做不但是无用功，而且浪费电，员工们回答说："上司说工作时间不能游手好闲。"毫无疑问，大野先生狠狠地批评了说出这种话的基层管理者。

如果对部下说了"可以休息"，那么高层管理者和基层管理者就要口径一致。

同样，如果鼓励部下进行"挑战"的话，那么从上到下的所有管理者都应该为部下提供支持和帮助。

第九代卡罗拉的总设计师吉田健先生，曾经为构想新型卡罗拉而伤透了脑筋。因为卡罗拉是引发了日本汽车革命的具有里程碑意义的车型，所以他十分害怕失败。

如果不进行任何改变，那么卡罗拉就无法成为风靡世界的车型，但改变一旦失败，却有"现有顾客流失"的风险。

就在吉田健进退两难的时候，时任丰田总裁的奥田硕先生的一句话给了他极大的鼓励——"就算失败也没关系，大胆地去改变吧"。吉田健终于从对失败的恐惧之中解放了出来，而丰田上下也产生了一种"必须改变"的意识。第九代卡罗拉就这样诞生了。

✎ 这就是世界标准！

因为准备不充分或者麻痹大意而导致的失败固然不能容忍，但经过深思熟虑之后的大胆尝试遭遇的失败却是可以原谅的。部下遭遇失败的时候，如果上司斥责说"谁让你做这些多余的事""你要怎么承担责任"之类的话，那么今后就再也没有人愿意进行改善了。上司的责任是在部下进行挑战的时候给予强有力的支持。

上司通过改变自己来培养员工敢于挑战的精神

丰田的案例

针对不敢挑战、没有出现失败的部下

对于勇于挑战却遭遇失败的部下

研发第九代卡罗拉时的趣闻

要求部下勇于挑战的话，上司就要给予有力的支持

丰田的独到之处

上司要能够接受部下经过深思熟虑之后大胆尝试遭遇的失败

15

小错误也不能容忍，
没有信心就无法催生出智慧

不要放弃，放弃会变成一种习惯

要想彻底消除残次品和作业中的失误非常困难，甚至有人极端地声称"要想完全没有残次品，最好的办法就是不要进行生产"。

但是，如果因为有困难就认为"出点小错在所难免"而放松要求的话，那么残次品和工作失误就会越来越多，永远也无法达到彻底消除残次品和工作失误的目标。

另外，如果对产品合格与否的判断过于依赖质检的结果，在质检发现问题之后再进行修改，则会产生"修改无用功"的情况。一旦质检没有找出残次品，让残次品流入顾客手中则会造成更加严重的问题。

从品质管理的角度来说，千分之三的残次品率是可以被接受的。但大野耐一先生却连千分之三的残次品率也不能容忍，一旦发现问题，哪怕花上两三天甚至更久的时间也一定要把问题的根源找出来。

不管千分之三还是千分之一，只要出现了问题就把造成问题的原因全都找出来并且逐一解决，这样就可以使残次品率无限接近于零。这就是丰田严格的态度。

预防失误的最好办法是创建一个不会出现失误的制度

有一家采取了丰田生产方式进行生产改革的企业，其负责人面临彻底消除工作失误这一难题。因为人不是机器，难免会出现身体不适、注意力不集中等情况，所以一般来说，想要彻底消除工作失误几乎是不可能的。

那么应该怎么办才好呢？

丰田的工厂中最常出现的工作失误之一叫作"安装三误"：忘记安装、安装不到位、安装位置不对。

现场负责人每天都对员工们强调"这三点必须注意，千万不要出现类似的失误"。但是，这样就可以彻底消除工作失误了吗？答案当然是否定的。如果现场负责人能够将工作中"选择""寻找""判断""注意"之类的要素全部消除，就可以消除工作中可能出现的失误。

比如一个零件如果经常出现左右位置安装颠倒的问题，那么只要将其设计成无法安装到相反位置上的形状就可以了。这样就算安装工人注意力不集中也不会出现安装失误。

　　另外，如果大量零件混杂在一起，安装工人就需要"选择"和"寻找"零件，很容易出现忘记安装或者安装不到位等失误。对于这种问题，可以通过将零件分类以及分批配送等方式解决。

　　由此可见，预防失误的关键在于创建一个即便员工想失误都没办法失误的制度。从"彻底消除工作失误"的角度出发，对零件配送的方法以及零件形状的设计都进行改善，就可以彻底消除工作失误。

　　绝对不要因为"没办法"而放弃，一定要坚信自己"能够做到"，这样才能够催生出相应的智慧。

✎ 这就是世界标准！

　　如果对少量的残次品持容忍态度，那么标准就会越来越低，因此目标应该是彻底消除残次品。这就是丰田生产方式"改善"的思考方法。对残次品和工作失误零容忍，建立一个"将残次品和工作失误彻底消除"的大前提。只要不放弃并且保持自信，就一定能够找到实现目标的方法。

建立"将残次品和工作失误彻底消除"的前提

大野先生针对残次品的态度

千分之三的残次品率也不能容忍！

如果认为"可以接受……"，只会使残次品率越来越高。

尝试彻底消除工作失误的负责人

每天向工人们强调也不见成效。

人难免出现身体不适或者注意力不集中的情况。

能否创建一个让工人想失误都没办法失误的制度呢？

① 啊？装不进去。

②

A B C

将零件设计成只能正确安装的形状

将零件分类分批配送，避免忘记安装等情况

将"选择""寻找""判断""注意"等要素在现场彻底排除

丰田的独到之处

遇到困难也决不放弃，时刻保持自信

16

发现问题一定要去现场，
自己的眼睛比数据更可靠

保护现场，在现场进行改善

按照丰田生产方式的要求，当现场的生产线出现问题的时候，我们应立刻将生产线暂停，当场找出根本原因并进行改善。

对于绝大多数的企业来说，即便出现了残次品也不会当场停止生产线运行。普遍的做法是将残次品拿出来放到一边，然后将"今天出现了这样的问题"这一数据记录下来，再开会讨论。

乍看起来，似乎不将生产线暂停的做法更有效率，但事实上并非如此。

如果没有找出真因而让生产线继续运行，那么早晚还会出现同样的问题。况且，只根据一条数据就召开会议进行讨论，也难以取得实际的效果。

丰田生产方式之所以要求将生产线暂停，是出于"现场的实际情况比数据更准确、更能说明问题"的考量。一旦出现残次品，就立刻将出现问题的现场保护起来，然后当场进行改善。只有这样才能够找到最合适的改善方法，因为一切关键信息都在现场。只保留数据等待日后再进行改善的做法是不可取的。

现场与"现场的数据"之间存在着微妙的差别

在丰田的工厂里，曾经发生过这样一件事。

大家都知道将铁加热之后再用水冷却的"淬火"工序。只要控制好水的流量，就肯定不会出现问题。但不知为何，这道工序突然间出了问题。大家在管理室里用最先进的数字式流量计对流量数据进行检查，结果数据显示一切正常。就在大家一筹莫展之际，有一位经验丰富的老员工说道："去现场看一看吧。"

到现场一看，大家才发现流量计的底部长满了苔藓，这就使流量计测出的数值比实际数值要低一些，所以即便在水量不足的情况下，显示的数据也仍是正常的。

谁都认为数字不会说谎，却没有想到苔藓才是造成问题的根本原因。仅凭数据来进行判断有可能出现错误，这种情况非常危险。如果不亲临现场，准确地找出究竟发生了什么，就很有可能采取错误的改善措施。

还有这样一件事。

　　某企业员工在管理层会议上提出"新产品的销售情况非常好，可以将旧产品停产"的建议。数据也非常明显地证明了这一点。

　　就在大家都表示赞成的时候，创始人兼总裁却说"等一下"，随后他当场向几家销售店铺打电话询问销售情况。结果发现，新产品之所以销售情况不错，是因为各个店铺都在全力推广新产品，而在顾客之中有不少人认为"以前的产品更好"。

　　得知这个情况之后，创始人和管理者对收集数据的员工进行了严厉的批评，要求他"多去店里走走，多听听顾客的声音"。

🖋 这就是世界标准！

　　只看数据很难做出准确的判断，只有到现场去亲自调查才能够明白什么样的改变是好的、什么样的改变是不好的。只要对现场进行改善，数据自然会变得更加好看。不依赖数据，亲临现场，在现场掌握准确的信息，这才是最重要的。

出现残次品的时候，不要看数据而要去现场

丰田某工厂出现问题的情况

出错了！

"淬火"工序
突然出现了问题。

看了数据却没
发现任何问题

经验丰富的老员工提议

去现场
看看吧！

啊！

流量计的底部
竟然长满了苔藓

"出现问题的时候去现场调查"是基本原则

丰田的独到之处

在现场亲眼看到的情况比数据更可靠

17

亲临现场，"从零开始思考"进行改善

改善后还要确认结果

想必很多人都听说过"大野圆圈"的故事吧，实际上在丰田内部有不少人都亲身体验过"大野圆圈"。不过为了照顾没听说过的读者，我再简单地为大家介绍一下。

有一位年轻的丰田员工E，在他做完一件"改善"的时候，刚好大野耐一先生路过看到了，突然对他说："你在脚下画一个圆圈，然后站进去仔细观察一下。"

虽然E照着做了，但是一头雾水。傍晚的时候，大野耐一先生回来问道："明白了吗？"E回答说："不明白。"大野先生说："那你明天从早晨开始就在这里站着观察吧。"

第二天，E又站到圆圈里面。中午的时候，大野先生又来问道："明白了吗？"虽然E还是没搞明白，但为了能尽快脱身便答道："明白

了。"于是，大野先生说道："那就快改正吧。"

这时候E才终于恍然大悟：原来他做的改善有问题，大野先生为了让他自己发现其中的问题，所以才让他站在圆圈里观察。

E仔细地检查了一遍自己做的"改善"，发现确实有个地方有点别扭。E在做了二次改善又找现场的人确认过之后，向大野先生报告了最后的结果。从那以后，E经常在改善之后继续留在现场观察，确认是否存在问题以及还有没有能够继续改善的地方。

我们在进行改善之前都会经过仔细思考，但在改善之后，却往往认为"做完了"而将其抛在脑后。但实际上，在进行改善之后，"从零开始思考"，对现场继续观察是非常重要的。改善永无止境，在一项改善结束之后，不能认为"已经结束了"，而应该继续思考"还有没有能够继续改善的地方"，这样才能够使改善不断进步。

"站在原地观察一天就明白了"是大野先生的口头禅。

亲临现场观察就会发现应该做的事情

在丰田的管理层中，也有不少对"大野圆圈"进行实践的人。

张富士夫先生在就任总裁之后就曾经说过："站在巴西的街头观察，我发现在路上几乎看不到丰田汽车。"

他当然知道丰田汽车在巴西的市场占有率是多少，但那只不过是数据而已。什么车型占有多少比例，其他公司的什么车型比较畅销……要想把握这些信息，最好的办法就是去现场看一看。

虽然从数据上看，丰田汽车在巴西占有一定市场份额，但事实上，丰田汽车在巴西民众生活中的渗透率却非常低。尽管当时丰田共有50多种车型，但在巴西的丰田工厂只生产3种车型。只有3种车型在当地生产，其他车型完全依赖进口的体系怎么可能提高市场占有率呢？

根据在现场取得的信息，我们可以想出许多解决问题的办法。因为亲临现场是让自己能够从零开始思考的最佳途径。

这就是世界标准！

想到好的创意或者发现新的问题时，应该先去现场，到现场仔细观察之后就会发现创意究竟是好是坏，甚至可能发现新的问题。亲临现场与"从零开始思考"，可以使自己的思路得到改善。

亲临现场发现问题

年轻的丰田员工与大野先生之间的故事

第二天

虽然还是没搞明白……

发现自己做的"改善"中
存在的问题

"站在原地观察一天就明白了" 是大野先生的口头禅

丰田的独到之处

在现场判断创意究竟是好是坏

18

不要轻易说"明白了"，只有实践过才有发言权

学得再好，不学以致用便毫无意义

在企业管理领域，有一种被称为"标杆管理（benchmarking）"的管理方法。这是一种将优秀的产品和企业作为标杆，通过对自身不断改善使自己赶上目标的管理方法。在运用标杆管理的时候，可以被选作标杆的对象非常多，除了成本、效率之外，财务、战略以及部门都可以作为标杆。标杆不仅可以选择竞争对手的相关指标，还可以选择公司内部的相关指标。

在进行改善的时候，寻找一个用来学习的标杆固然重要，但不管找到多么优秀的标杆，如果只是一味地学习而不去实践的话，那仍然是毫无意义的。

利用丰田生产方式的"改善"取得不俗成果的F公司，接下来想要尝试的挑战是削减非生产部门的人员。

　　丰田生产方式一般不会选择"裁员"的方法。如果要削减一个部门的人员，那么被削减下来的人员将被安排到其他部门或者新成立的部门之中。

　　F公司的非生产部门存在两个问题：一个是峰谷（繁忙期和闲暇期）差异很大，峰谷差异大就导致F公司在人员配置上经常出现紧张和冗余的状态，所以必须使其平均化；另一个问题是非生产部门有一部分工作只有特定人群才能胜任。除了那些需要专业人士从事的工作之外，在一般情况下，工作应该被标准化，使任何员工都能够胜任。

　　但是，如果突然削减人员的话，必然会出现加班和工作强度增加的情况。

　　F公司采取的方法是：首先，以"是否对顾客有必要"为基准对工作进行整理，将无用功彻底消除；其次，在此基础之上推行工作标准化，使每一名员工都能够胜任所有的工作。

　　如果有部门出现人员不足的情况，可以向其他部门临时借调人员。当工作结束之后，找出"为什么人员不足"的原因，进行改善。

　　经过上述改善之后，F公司成功地将非生产部门的员工数量削减到原来的一半。

平时说"明白了"指的是理解，工作上的"明白了"指的则是执行

　　F公司的成功经验经杂志报道之后，许多企业和地方政府都派人

前来参观学习。但后来有人向F公司询问道："那些来参观学习的企业，有成功的吗？"对方的回答却是："似乎没有一家取得成功。"

由此可见，虽然将F公司作为标杆的机构不少，但这些机构只满足于做到这一步，而没有真正地进行标杆管理。

大野耐一先生经常强调"学以致用"的重要性。只是学会了还不够，还要通过行动将学到的知识真正地变成自己的东西。

> **✎ 这就是世界标准！**
>
> 很多部下在上司询问"明白了吗？"的时候都会回答"明白了"。但大野先生却提出"'明白了'指的是执行"。部下要用具体的行动来证明自己是真的"明白了"，上司则要根据部下的行动来判断其是否真的"明白了"。

只有做过之后才能说"明白了"

利用丰田生产方式成功削减人员的F公司

1 以"是否对顾客有必要"为基准对工作进行整理

2 将工作标准化使任何人都能够胜任

➡ 成功将非生产部门员工数量削减到原来的一半

于是F公司

迎来了许多参观学习的人

➡ 但实际将F公司的成功经验付诸实践的企业却几乎没有……

学以致用。

＝

只有亲自实践才能将学到的知识变成自己的东西

丰田的独到之处

根据部下的行动来判断其是否真的"明白了"

19

今日事，今日毕，即便是微小的努力，累积起来也能形成巨大的力量

今日事，今日毕

绝大多数"改善"都只是很微小地提升工作效率，但只要每天坚持不懈地努力，就可以使自己的未来变得更加美好。

某企业的总经理为了进行改善每天都工作到很晚。他打算将一条生产线改造成丰田生产方式生产线的样板，所以从材料的数量到操作台的高度都不断地进行改善。

或许有人认为根本没必要一直工作到深夜，这些事只要第二天接着做就好了。但这位总经理却说："如果不立刻改善的话，会给员工增添麻烦。"他坚决贯彻"今日事，今日毕"的丰田生产方式标准。

因为这位总经理的不懈努力，这家企业的生产改革进展得十分顺利，实现了当初制定的"早晨接到订单，傍晚就能出货"的目标。但这位总经理说："改善永无止境。"他丝毫没有放松改善的态度和

行动，他说：

"用CAD[①]软件画出的线条，虽然看上去好像是一条直线，但如果放大仔细看的话，就会发现有无数个细小的锯齿。改善就像是用CAD画出的直线，不断地重复向上和停滞的过程，但整体上来说还是向上的。"

只要时刻思考"是否还有更好的办法"，就能够每天都发现工作中的无用功。尽管消除这些无用功或许并不能立刻取得巨大的进步，但带着"今天比昨天更好，明天比今天更好"的信心坚持下去，我们就一定会有所收获。

不要停滞不前，停滞意味着倒退

某初创企业的经营者说过这样一句话：

"'今天一天没发生任何事真是太好了'，这样的想法是绝对不行的。"

虽然对日常生活来说，能够平安无事地度过一天是难能可贵的。但如果在工作之中平安无事地度过一天就意味着停滞。在不断变化的当今社会，停滞就意味着倒退。

---

① Computer Aided Design，计算机辅助设计。

这位经营者认为，每天都不断面对新的问题和挑战、每天都保持变化，是经营中的重要课题。

松下幸之助先生也这样说道：

"当平安无事的一天结束之时，我们应在心中回想一下自己今天所做的事情究竟是成功还是失败。"

在一天结束之时，认为"今天什么也没有发生，是很好的一天"，然后心满意足地去睡觉当然也无可厚非，但要是仔细地回顾这一天中发生的事情，我们一定会发现其中也隐藏着许多可以改进的地方。

一旦发现了错误、失败以及可以改进的地方，我们不要睁一只眼闭一只眼，而要反省"为什么"，就可以使自己进步。不断地累积这样的进步则可以使人得到成长，这就是松下先生教给我们的宝贵经验。

改善不能"三天打鱼，两天晒网"，关键在于坚持不懈。

这就是世界标准！

随着改善不断深入，每天取得的成果可能会变得不那么明显。但只要努力使"今天比昨天更好，明天比今天更好"，坚持不懈地进行改善，一点一点地朝着目标前行，那么不管是个人还是企业都必将实现伟大的目标。在这个过程中，我们绝对不能厌倦和放弃。

今日事，今日毕

普通情况下

明天再接着改善吧！

一般都会这样

某企业总经理

如果不立刻改善的话，会给员工增添麻烦！

坚持"今日事，今日毕"的原则

普通情况下

改善完成了。

一般都会这样

某企业总经理

应该还有更好的方法！

"改善永无止境"，
坚持不断进步

松下幸之助先生

当平安无事的一天结束之时，
我们应在心中回想一下自己
今天所做的事情究竟是
成功还是失败。

丰田的独到之处

改善不能"三天打鱼，两天晒网"，关键在于坚持不懈

20

不要光说不做，实物才最有说服力

只有实际做了才知道是好是坏，从而知道如何进行改善

改善活动的关键在于，经过仔细讨论分析之后一定要进行实际操作。

最典型的方法就是专门拿出一条生产线来尝试新方法。通过对发生在这条生产线上的问题逐一改善，我们就可以找到具体的前进方向。

有些人缺乏想象能力，所以仅凭口头上的描述难以使他们理解具体的内容，但当他们看到实物的时候就会很快理解，并且产生"这里有问题""这地方改变一下会更好"之类的想法。

当发现好的创意时，最好的办法就是做个样品。样品可以使大家容易理解，让其他人能够更直观地表达自己的意见。

最不可取的做法就是没完没了地讨论，没有亲自对实物进行观察就得出"不行"的结论。因此，有好的创意，一定要做个样品出来再进行判断。"现地现物"是丰田生产方式的基本规则之一。

去丰田工厂参观过的人一定都记得"好产品好创意"这条标语。这是石田退三先生提出的观点，如今也已经成为丰田生产方式的观点。石田先生对这个观点如此解释道：

"如果说好产品来自好创意，那么好创意也能来自好产品。因此，好产品和好创意是相辅相成的。"

实物不但更有说服力，还能增加自己的经验

本田常年坚持的"创意竞赛"的唯一条件就是"不要提出与商品相关的创意"，只有这样才能在创意的海洋中自由地遨游。本田宗一郎先生也这样说道：

"任何创意的关键都在于实际尝试。只有自己试着亲手做一下，创意才能真正成为自己的一部分。与独自尝试相比，大家一起动手效果更好。"

将创意变成实物，我们可以发现隐藏的问题。在思考"如何解决"的过程中，我们能够磨炼自己的创造力。哪怕在将创意变成实物的过程中失败了也不要紧，通过反省"为什么"，我们就可以将失败的经历变成宝贵的经验。

史蒂夫·乔布斯就对只是一味听报告和看图纸而不动手尝试的行

为深恶痛绝。他要求员工尽量制作样品，然后根据实际样品找出什么地方值得保留、什么地方存在问题。

有些在设计阶段感觉非常了不起的创意实际做出来之后却会变得非常平庸，有些则完全相反。像iPod（苹果播放器）和iPhone（苹果手机）这样改变世界的产品，都产生于样品而非讨论。在感叹自己的创意不容易被接受之前，先做一个样品试试。

这就是世界标准！

当我们想到好的创意时，哪怕只是一个很微小的创意也应该试着做个样品出来。样品不用做得太精细，只要有一个大概的形状就可以。实物更便于大家进行判断，也更容易激发出大家的创意。

想到好创意的时候，最好先做个样品

✗ 只用语言进行讨论

这个方案如何？

这样不行！

那样也不行吗？

最终没有任何结果。

✓ 做个样品

这个方案如何？

我做了一个样品。

这里可以这样做……

换一个零件或许会更好。

最终生产出了具有划时代意义的新产品。

丰田的独到之处

在感叹自己的创意不容易被接受之前，先做一个样品试试

产生于日本并且走向世界的
提高效率的生产方式——Just In Time

丰田生产方式的另一个支柱——Just In Time是由丰田喜一郎先生提出的。

丰田喜一郎先生是丰田佐吉先生的长子，是创建了丰田汽车（当时叫"丰田汽车工业"）基础的实业家。他因为在汽车领域所做出的卓越贡献，被称为"日本汽车产业的开拓者"。

丰田喜一郎先生于1933年在丰田自动织机公司的一角开创了汽车部门。当时正是日本和德国从国际联盟退出，美国为了应对经济危机推出罗斯福新政的动荡时代。

就是在这样的时代背景下，丰田喜一郎先生仍然在成立汽车部门的第二年就成功地制作出丰田第一台量产型汽车的样车——A1型汽车，还开始着手卡车的生产。1937年，丰田汽车工业正式成立，翌年，举母工厂（现在丰田的总部工厂）开工建设。

在举母工厂建成之后，丰田喜一郎先生便正式推行了Just In Time的生产制度。

Just In Time就是"将必要的产品在必要的时间以必要的数量"送达生产线。只要能够实现这一点，就可以消除生产现场的无用功，提高生产效率。

丰田喜一郎先生究竟是出于什么考虑提出这一制度，现在已经不得而知。不过，丰田喜一郎先生对欧美的汽车行业十分了解。他认为，以美国福特汽车为代表的大批量生产方式不符合市场规模较小的日本的实际情况，而且日本当时尚处于手工业阶段，要想立刻建立汽车工业也相对比较困难。或许就是考虑到这些原因，他才提出了更适合日本国情的Just In Time。

战前种下的种子在战后结出了果实

制作一台汽车大约需要3万个零件。但在当时的日本，几乎没有能够生产这些零件的企业。

于是，丰田喜一郎先生决定自己建立理想中的工厂。在举母广阔的建筑用地上，除了汽车组装生产线之外，还建立了专门用来生产零部件的工厂和生产线。通过将一切生产要素都囊括在自己的体系之内，就可以更加顺利地实现Just In Time。

"因为没有库存，所以不需要仓库。"通过丰田喜一郎不修建仓库的决定，就可以看出他推行Just In Time的态度是多么坚决。

由于当时日本企业自身的技术实力不足，所以在开创新事业的时候基本都要与欧美企业进行技术合作。但丰田喜一郎先生却认为"将美国方式原封不动地照搬过来不符合日本的实际情况"，他决定"根据日本的实际情况创立一个日本式的生产方法"。

这就是Just In Time所具有的先进性，所以丰田生产方式也可以说是产生于日本并且走向世界的提高效率的生产方式。

当然，要想创建一种前所未有的生产方法，其困难程度也是难以想象的。丰田喜一郎先生制作了内容极为丰富的工作手册，甚至亲自对工厂里的员工进行培训。

遗憾的是，丰田喜一郎的尝试随着日本发动战争戛然而止。在战争时期，丰田只能生产军用卡车。因为一切都以高产量为导向，所以Just In Time没能在当时绽放出成功的花朵。

不过，丰田喜一郎先生在第二次世界大战前播下的种子，在第二次世界大战后终于结出了果实。

第二次世界大战后，在丰田人的不懈努力下，Just In Time也逐渐发展成为丰田生产方式的支柱之一。

对团队进行改善的体制
——"可视化"

21

"前工序是神，后工序是客"，了解他们的信息是改善的开始

工作时不能只顾自己，而应该优先考虑"前""后"的情况

丰田生产方式中，有句话叫"前工序是神，后工序是客"。将工作委托给我们的前工序的人员、部门、合作公司，能够帮助我们做到我们自己做不到的事情，就像是神一样的存在。接续我们工作的后工序的人员、部门、合作公司，则像购买我们生产的商品的顾客一样。从这个意义上来说，如果想提高自己的工作质量，就应该站在后工序的角度来对自己的工作进行思考。

丰田员工G受某公司委托，协助该公司的生产部门与采购部门进行改革。当然，这两个部门的负责人将当时存在的问题以及改善提案都仔细地整理成一份报告交给了他。

但G只是简单地看了一下报告便将其放在一旁，然后立刻前往现场，对生产的后工序物流部门的负责人说："请提出10个希望生产部门

做到的要求，如果可能的话，最好加上优先顺序。"随后他又对采购的后工序生产部门的负责人提出了同样的要求。

几天后，针对生产部门与采购部门的要求全都提上来了。这些内容与这两个部门负责人交给G的报告书上的改善提案完全不同，即便有个别相同的内容，但优先顺序也完全不同。

G对自己不重视报告书的原因这样解释道："在进行改善的时候，必须了解后工序的情况和想法，不能只考虑自己的工序。只要掌握了后工序的需求并且优先对其进行改善，那么自己的工序也会自然而然地变得更好。"

在按照G的办法进行改善之后，现场整体的生产流程都变得非常顺畅。这就是丰田生产方式"一条龙"的改善方法。

了解后工序就是了解顾客

某办公设备生产商将自己的研发人员派往印刷厂以及废品回收站等地进行调研。

研发人员在现场得到了许多惊人的发现，比如"印刷厂几乎没有使用我们新研发的功能"以及"他们对我们产品的实际用法完全超出了我们的预料"。另外，研发人员还了解到自己生产的设备非常不便于分解、回收和再利用。

在了解到这些信息之后，研发人员获得了许多之前完全没想到的研发灵感。

　　了解后工序就是了解顾客。这样做可以使我们学到很多东西，获得许多灵感，使改善不只是为了满足自己，更可以使顾客感到满意。让顾客更满意就是改善的出发点。

> ✎ **这就是世界标准！**
>
> 　　当不知道应该进行哪些改善的时候，不妨向后工序问一问"有没有什么感觉不便的地方"。虽然有时可能会得到一些无理的要求，但如果能够尽量进行改善，工作质量一定会得到提高。

改善必须了解后工序的需求

丰田员工G协助生产部门与采购部门的改革

改善不能只顾自己，应该优先考虑后工序的情况

某办公设备生产商获取研发灵感的方法

了解后工序能够获得研发的灵感

丰田的独到之处

改善不只是为了满足自己，而是为了满足顾客

22

整体效率高于局部效率，
站在比自己高两级的立场上思考

只改善局部反而可能导致整体效率下降

改善中最重要的一点是提高整体效率，如果过于追求局部效率而导致整体效率下降是绝对不行的。比如，在后工序没有充分改善的情况下，自己部门的产量却急剧增加，那么就会因为过量生产造成整体效率下降。因此，在对局部进行改善的时候必须时刻考虑到整体的情况。

在日本全国范围内都拥有居酒屋连锁店的某餐饮企业的经营者，专程来到一家通过导入丰田生产方式的"改善"而取得优异成果的生产企业参观学习。最初这家企业的负责人还很奇怪："为什么居酒屋连锁企业的经营者要来我们企业参观呢？"对方的回答是这样的：

"在高峰期因为顾客的点单量剧增，后厨往往来不及制作菜品，无法提供令顾客满意的服务。我听说丰田生产方式以'1件'为单位生产产品，所以就想来参观一下。"

尽管大批量生产确实效率很高，但在接到1个订单之后生产100个产品的生产方法与顾客多品种少量的产品需求大相径庭。

因此，这家居酒屋连锁企业需要的是能够将"顾客需要的菜品"以及"已经卖光的菜品"立刻追加生产出来的体制。这样就可以在顾客点单之后立刻将菜品送到顾客面前，也可以称之为"定制化生产"。

要想实现"定制化生产"，就必须确立一个从销售到生产再到物流全都连接起来的"一条龙"体制，而这家居酒屋连锁企业想要了解的就是这种方法。

要想应对多样化，要先改变生产方法

前文中提到的那家居酒屋连锁企业存在的问题在于：在订单急剧增加的情况下没有对生产方法进行改善。

居酒屋的顾客有老人、年轻的女性，甚至包括一家人，可以说非常多样化。为了应对不同的客户群体而增加菜品种类固然是件好事，但同时也给负责生产菜品的厨房增加了不小的负担。

如果不对生产方法进行改善，只是一味地增加菜品种类，那么简单的菜品还能够及时做好，而稍微复杂一些的菜品就无法及时地提供给顾客，从而引发顾客不满。结果，本来为了满足顾客的多样化需求而进行的"改善"，反而使顾客对店铺的好评率下降。

针对这一情况，生产企业给居酒屋连锁企业的建议是：对生产信息进行整理。如果生产信息混乱，那么厨房只会根据自身的情况优先制作简单的菜品。这家生产企业本身也每天都对自己工厂的生产信息进行整理，然后根据交货期将以"1小时"或"2小时"为单位安排生产计划。

于是，他们建议居酒屋连锁企业对生产信息以及食材进行整理和整顿，力求让所有菜品都能够实现标准化作业。

居酒屋连锁企业在对所有的连锁店进行改善后，顺利地解决了之前存在的问题。

✏ 这就是世界标准！

在进行改善的时候，我们不能只顾自己，而应该充分地考虑到"前工序""后工序"以及"整体效率"。这种方法在丰田生产方式中被称为"站在比自己高两级的立场上思考"。我们不要只看到自己眼前的东西，而应该站在更高的立场上用更广阔的视角对整体进行观察。

不顾整体的"改善"无法取得预期的效果

✗ 只对部分进行改善

将菜品种类增加一倍。

顾客盈门!

××餐厅

三号桌点的是什么菜?

厨房……

忙不过来了!

厨房陷入混乱

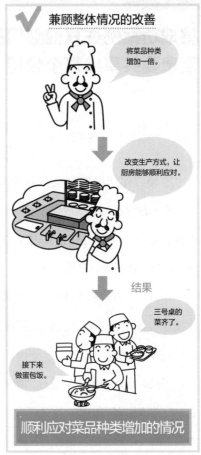

✔ 兼顾整体情况的改善

将菜品种类增加一倍。

改变生产方式,让厨房能够顺利应对。

结果

三号桌的菜齐了。

接下来做蛋包饭。

顺利应对菜品种类增加的情况

丰田的独到之处

不要只对局部进行改善

23

将成功案例在其他部门推广，
信息要共享给整个公司

不要只保持纵向联系，要加强横向合作

企业很容易被分割成多个纵向的体系。部门和工厂之间就好像两个独立的企业一样，横向合作十分薄弱，在出现失败的时候也缺乏交流，导致类似的失败屡次出现。

丰田生产方式的"改善"在出现失败的时候会将失败整理成"失败报告"，除了自己部门之外，还会将报告共享给其他部门和工厂，以防止同样的失败再次出现。

当然，成功经验也会通过"横展"（横向展开）来共享给整个企业。好的改善案例和成功案例不会只停留在自己部门之中，而是会作为宝贵的经验分享给其他部门，使其成为整个企业的财富。

大野耐一先生曾经指示某个年轻的丰田员工对生产线进行改善。但大野先生只是对他说"这地方存在无用功，你想办法将其消除"，并

没有指出问题出在哪里，也没有具体说应该如何改善。不过这位员工还是尽其所能地进行了改善，并且自认为改善后的生产线已经"近乎完美"。

当他向大野先生报告的时候，大野先生问道："你看结果了吗？"

不管事先经过多么深思熟虑的改善，实践的时候都不一定百分之百顺利，甚至有可能出现预料之外的问题。于是，这位满足于"近乎完美"的员工再次回到现场，对自己改善的生产线进行仔细观察。结果，他发现其中还存在一两处不合理的地方，对这些地方继续进行改善之后，他再次向大野先生报告。

大野先生又问道："'横展'了吗？"

当时，这位员工抱怨说："改善完了问结果，结果出来了又要'横展'，总是没完没了。"但几年之后，他就满怀感激地说，正是这次经历使他成为一名优秀的员工。

通过知识共享让整个公司都变得更加优秀

"横展"的思考方法是由丰田英二先生提出的。20世纪60年代，他对所有的部门主管提出"积极横向联络，准确交流信息"的要求。因为当时丰田的规模越来越大，出现了部门之间交流不充分的情况。

"如果公司里有多个从事相同工作的部门，那么其中一个部门在工厂中获得的知识——包括与事故相关的知识以及提高工作效率的知识等——应该立刻共享给其他工厂和部门。"

他严厉批判了"总部工厂提高了生产效率，而就在附近的元町工厂却什么都不知道"以及"对自己工厂的成功案例一无所知，却在见到其他企业的成功案例之后大发感慨"的情况。

✎ **这就是世界标准！**

A进行了一个比较好的"改善"之后，其他人在A做的"改善"的基础上加入自己的智慧进一步改善，然后A又在其基础上更进一步改善。这就是丰田生产方式的"横展"。

改善成功之后要推广到其他部门

大野先生对年轻的丰田员工的指导

改善做完了。

你看结果了吗?

结果确认了。

"横展"了吗?

"横展"的定义

将成功案例推广到其他部门,将知识在全公司内共享

20世纪60年代

丰田

缺乏交流

缺乏交流

缺乏交流

缺乏交流

公司发展壮大之后,交流不充分的
情况开始显现出来

任何一个部门在工厂中获得的知识应该立刻共享给其他工厂和部门。

丰田英二先生

丰田的独到之处

将别人的成功经验加上自己的智慧,再横向展开

24

让全员参与思考，单独思考收效甚微

从"改善只在生产现场进行"的错误认知中摆脱出来

很多人都认为，改善是只在生产现场（工厂）进行的活动。但实际上，这种认识是非常错误的。要想使改善发挥出最大的效果，必须将包括非生产部门在内的所有部门都囊括进来，建立起一个能够让大家齐心协力的体制才行。

因此，改善不但需要所有人都参与进来，还要求每个人都能够主动地、积极地思考。这种自主思考、积极思考的意识尤为重要。

通过实践丰田生产方式而取得飞速发展的某企业，计划将集团干部聚集在一起召开一场改善讨论会。

在讨论会之前，大家要先去工厂参观，负责带领大家参观的是非生产部门的五名员工。但是，这五名员工却对工厂的改善活动和现场的生产方式一无所知。

由此可见，即便身在同一家公司，也并不是所有人都了解公司的全部业务。尤其是当公司发展到一定规模之后，非生产部门与生产部门之间的交流就更少了，他们甚至不知道对方每天都在做些什么。

这五名员工认识到这样下去不行，便向身边的员工请教经验，但对方也和他们一样没有任何头绪。于是，他们决定亲自去调研一下。每个人负责一条生产线，为即将召开的讨论会做准备。他们每天都去工厂参观，向现场的工人们请教。

齐心协力能够提高改革意识，使改善得到更佳的效果

其中一位员工这样说道："我自从入职以来，一直从事人事工作，在接到这次工作任务之前，我一点也不知道工厂里面都在做些什么。我对工厂的情况并不关心，也没想过要去了解一下。但是，当我亲自前往工厂与工人们进行了交流之后，才知道工人们为了生产出优质的产品，每天都在努力工作。他们给我看了改善前和改善后的照片，让我直观地感受到了生产方法逐渐发生改变，这真是让我非常感动。"

公司组织去工厂参观，原本只是为了向集团展现自己改善的成果，但没想到取得了更大的收获——非生产部门的员工了解到了生产现场的工人开展的改善活动。

通过这次参观活动，非生产部门的员工也大受鼓舞。他们表示：

"工厂里的工人那么努力地进行改善，我们也应该积极地进行改善，做工厂的坚实后盾。"

就这样，公司上下齐心协力，改善取得了更好的效果。

✏ 这就是世界标准！

改善不但需要所有人都参与进来，还要求每个人都能够自发地、积极地思考。丰田生产方式的"改善"不是只有一个工厂或者一个部门单独进行改善就可以了，而是需要大家齐心协力、集思广益，这样才能推动"改善"不断地发展和进步。

必须把改善作为自己的事情认真对待

某公司召开改善讨论会之前

负责带领大家进行参观的是
非生产部门的五名员工

非生产部门员工的改善意识增强了

丰田的独到之处

大家齐心协力才能集思广益

25

发现问题一定要改善，坚决找出真因

改善不分上下

改善的关键之一是通过不断地重复"为什么"找出真因，但有时候真因并不存在于自己的部门之中，如果只在自己的部门之中寻找那肯定是找不到的。当真因存在于母公司或者合作公司的时候，改善就比较有局限性了。

如果我们遇到这种情况应该怎么办呢？

在某生产企业的质量管理会议上，H子公司遭到了点名批评。因为H子公司负责组装的产品在送到顾客手中的时候，经常出现无法正常使用的情况，而在更换了某零件之后又能够正常使用了。因此，母公司的领导层认为"H子公司没有对产品进行严格质检"。

H子公司针对这一问题进行了讨论，新上任的总经理对负责改善的团队这样说道："不要因为自己是子公司就降低要求，也不要因为对方是母公司就畏首畏尾，你们一定要认真地找出品质问题并且解决。"

改善不会给人添麻烦，借助母公司与合作公司的力量

改善团队经过仔细调查之后发现，除了前文中提到的那个零件之外，其他地方还存在着几个同样的问题。在寻找真因的过程中，改善团队发现，就算这个零件被准确地安装好了，但在送往下一道工序的过程中还是容易出现松脱和掉落的情况。与其说这是生产线上的问题，不如说是母公司的设计问题。至于其他部分，则是零件本身就有问题。改善团队推测可能是合作公司的制造方法存在不合理的地方。

在此之前，H子公司面对这些与母公司和合作公司相关的问题时，都会将其看作是"慢性不良"而放弃改善，只是要求自己的员工"多加注意"。

但是，新上任的总经理却对母公司与合作公司提出"我们发现了这些问题，能否与我们一起思考解决办法"的提议。于是母公司、H子公司以及合作公司一起寻找问题的真正原因，并且将改善结果反映到设计和零件制造环节上。这样一来，H子公司产品的残次品率大幅降低，并且成为母公司旗下产品品质最高的子公司。

在改善的过程中，越是深入地挖掘真因，涉及的人员和部门就越多。在这个时候不要因为害怕涉及更多的人员和部门而停下脚步，认为"不用改善得那么彻底"，而是应该坚决找出真因。这两种做法取得

的成果是截然不同的。

　　大野耐一先生曾经说过"发现问题一定要改善"。他还明确地指出，那些认为改善是"越权行为"的人，大多是为了推脱责任。

　　子公司与合作公司相比，虽然处于弱势地位，但这也不是放弃改善的借口。为了彻底地消除残次品，敢于要求相关人员和部门都参与进来是很重要的。

✎ 这就是世界标准！

　　即便真因不在自己的部门和公司之中，我们也应该积极地思考解决办法，绝对不能指望"等他们自己发现问题就好了"。不改变现状，只期待别人"自己改变"不是改善，只有真正的改变才是改善。

即便真因在母公司也不能放缓改善的脚步

与母公司和合作公司一起进行改善的H子公司

通过解决与母公司和合作公司相关的问题,
成功降低了残次品率!

丰田的独到之处

为了彻底进行改善,要敢于要求相关人员和部门都参与进来

26

在进行改善的时候让合作企业也参与进来

不要小看合作企业，"前工序是神，后工序是客"

不管自身多么热衷于改善，如果企业无法得到零件和原材料供应商协助，那也做不出真正的好产品，无法提高经济利益。要想"以更低的成本、更快的速度生产更好的产品"提供给顾客，企业就必须让供应商也加入改善的循环之中。

某企业的新总经理在上任之后做的第一件事，就是改变公司内部看不起供应商的风气。

之前，该企业的采购负责人总是一副高高在上的姿态，在供应商准时前来的时候却让对方等在门外。新总经理却毕恭毕敬地亲自接待供应商，而且在供应商离去的时候一直送到大门口。

采购部的某个员工对新总经理的举动大为不解，于是便问道：

"我们花钱买他们的东西，为什么还要对他们如此客气呢？"

"如果让你做他们的产品，你能和他们一样迅速做完吗？"

"不能。"

新总经理用"前工序是神，后工序是客"这一丰田生产方式的理念教育这位员工道：

"不只这家公司，任何一家合作企业都在帮我们做我们自己做不到的事情。他们是对我们来说非常重要的存在，我们当然要对他们尊敬一些。"

一起想办法降低成本

新总经理不但改变了对待供应商的态度，他还频繁地去供应商处进行拜访。

他向供应商提出"如果有提高品质、降低成本的方法，请一定要告诉我"，同时自己有新发现的时候也会给对方提供建议。不仅如此，当对方有要求的时候，他还派遣自己的员工前去帮助进行改善。

结果，这家企业与供应商之间的关系发生了翻天覆地的变化，在采购价格上的谈判也比之前更顺畅了。

如果只是单方面地要求供应商"降低价格"，就相当于损害了对方的利益。但如果能够与供应商一起想办法进行改善，就可以降低生产成本，自然而然地使采购价格下降。因此，关键不在于"压低价格"，而在于"以更低的成本生产更好的产品"，这才是丰田生产方式。

我们的工作往往需要许多人合作才能够完成，改善也一样。虽然在刚开始的时候，只要在自己部门中展开改善活动就好，但为了进行更进一步改善，寻求前工序与后工序的协助是必不可少的。

"前工序"与"后工序"分别存在于其他公司之中的情况十分常见。为了实现更好的"改善"，我们不仅要让自己公司的各个部门都参与改善，还要与其他公司一起改善。

> ✎ 这就是世界标准！
>
> 即便自己将供应商看作"合伙人""合作企业"，但如果对方不这样想的话，那便毫无意义。对供应商表现出尊敬的态度，并且和他们一起想办法降低成本，这才是最佳的合作关系。

改善离不开与前工序和后工序的协作

与其他公司一同进行改善的总经理

以前

如果没有供应商协助，企业无法做出真正的好产品

丰田的独到之处

与合作企业构筑起相互信任的关系

27

让问题可视化，看不见问题就想不出办法

要想保持危机感，最好的办法就是让危机可视化

管理者往往对员工说要"保持危机感""开动脑筋"，但如果不创建一个让员工保持危机感的体制，没有一个便于员工开动脑筋的环境，那么一切都只是空谈。

丰田生产方式有句话叫作"只有看见问题才能解决问题，看不见问题就想不出办法"。

比如，丰田生产方式之所以在发现问题的时候立刻把生产线暂停下来，就是为了让大家都能够看到问题，这样大家才能一起思考解决问题的办法。如果让生产线继续运作，那么谁也没看到问题，又怎么能想出办法呢？

20世纪50年代，丰田对通用汽车和丰田的零件成本价格进行了比较，将差额作为一种"无用功"写在资产负债表上。当时，通用汽车

是世界顶尖的汽车制造商，而丰田只是日本的弱小企业。或许有人会想：当时通用汽车的规模是丰田的几十倍，比较这种差额有什么意义呢？但实际上，只要将差额用实际的数字表示出来，就可以通过每天不断地改善，逐渐地缩小这种差距。

如果只是嘴上说要"赶超通用汽车"，想必大家都以为这是一句玩笑话。但是给大家看到具体的数值差距，那么哪怕通过改善只缩小了1日元、2日元的差距，对于丰田人而言，也是非常大的鼓舞。

明确自己所在的位置，以游戏化（gamification）的方法努力

所谓游戏化就是将游戏设计的手段应用于非游戏场景，用游戏的方法来解决工作、生活中一切非游戏的问题。2008年贝拉克·奥巴马在竞选美国总统的时候就采用了这种方法。

当奥巴马的支持者登录奥巴马的竞选网站时，网页会分别显示电话邀请、登门拜访、自愿捐款等各种信息。支持者在参加了相应的活动之后，就会得到"你已经累积了××点积分，当前级别为×级，升到×级还需要××点积分"的提示信息。

支持者可以通过发送电子邮件、登门拜访、捐款等方法来为奥巴马的竞选活动提供帮助，就好像在游戏中通过努力提升自己的等级一样。

另外，奥巴马竞选团队的活动情况也会以百分比的形式显示在网页上，支持者可以看到自己努力的目标处在什么阶段，从而更身临其境地体验"总统选举"这个壮阔的游戏。

因为能够明确地看到目标，支持者们会更积极地参与到竞选的游戏之中。如果看不到竞选的情况，只有"目标是×万美元""拜访×户人家"这些枯燥的信息，就难以调动支持者的积极性。

游戏化最重要的一点就是将目标可视化，而这一点对改善来说也一样。

✎ 这就是世界标准！

员工之所以没有危机感，很可能是因为不知道公司身处的状况以及面临的问题。想不出办法，很有可能是因为不知道问题出在哪里、目标位于何处。因此，让目标和问题可视化非常重要。只要能够看见问题，自然就会想出办法。

ma1

第三章
对团队进行改善的体制——"可视化"

只有看见问题才能解决问题，看不见问题就想不出办法

只有亲眼看见才能发挥想象

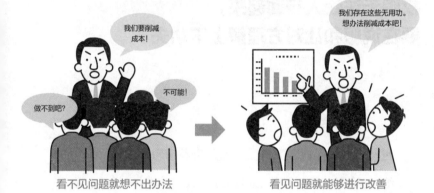

看不见问题就想不出办法

看见问题就能够进行改善

游戏化的思考方法

奥巴马在竞选美国总统的时候采取了游戏化的方法

支持者进行支持活动就会获得积分

累积一定的积分就能够升级

可以通过数字来确认自己和竞选团队的状况

丰田的独到之处

在强调"危机感"之前，应该先创建一个使问题"可视化"的体制

28

权限无法让人行动起来，
要在说服和让对方理解上下功夫

越是想要动用权限的时候，越应该多想想办法

绝大多数的工作都需要与人打交道，改善活动也一样。不管多么好的创意和想法，如果没有大家的支持和帮助，那么就难以实现。

因此，改善需要"让人行动起来"的力量，那么怎样才能使人行动起来呢？没有一个领导愿意强迫部下采取行动，但是当部下迟迟不肯采取行动的时候，领导恐怕也会发出"要是我有更大的权限就好了"的感慨，这是人之常情。

然而，越是想要动用权限的时候，越应该不依赖权限，而是努力想想其他的办法。

在丰田，负责汽车研发的总设计师拥有极大的权限，过去甚至出现过好几位"神一样的总设计师"。但随着丰田发展壮大，总设计师的地位和作用也随之发生了变化。设计、车体、发动机等各部门都拥有了自己的权利，总设计师已经难以再仅凭权限率领整个团队前进。

第五代卡罗拉的总设计师扬妻文夫先生就曾经教导第八代卡罗拉的总设计师本多孝康先生说：

"总设计师没有命令权，也没有权限，只有说服力。"

当然，总设计师并非完全没有权限，在组织上的权限还是有的，但用权限强迫别人采取行动，或许能够成功一两次，却不可能一直成功。

即便在生产现场，上司一个劲地对员工说这样做、那样做，员工就算当场照做了，等上司离开之后也会立刻恢复原样。

只有稳固的人际关系才能够使他人行动起来

那么，怎样才能让别人心甘情愿地行动起来呢？扬妻文夫先生对本多孝康先生这样说道：

"如果你认为自己的观点是正确的，那就通过说服对方来让对方行动。"

这种方法不管是对部下还是对上司都一样。如果你真想做一件事，最好的办法就是与部下和上司多沟通，建立起稳固的信赖关系，然后说服对方，获得对方的理解。

身为上司，更需要拥有说服对方、获得对方理解的能力，所以必须在这一点上多下功夫才行。

比如，让成本和存在的问题对所有人可见就是其中的一种方法，然后大胆地将判断和决定的权力交给部下。这样一来，大家就会自发地思考问题，讨论解决办法，向着同一个方向前进。

尽量做一个只要你开口，大家都不好意思拒绝的人。

这就是世界标准！

没有人愿意改变自己已经习惯的做法。因此，在进行类似改善的时候千万不能急于求成，而应该耐心地向对方说明"为什么要这样改善""改善之后会有怎样的好处"，甚至通过亲自示范来让对方逐渐理解和接受。在这个过程中，耐心是最重要的。

改善需要让他人行动起来的力量

卡罗拉总设计师如何让他人行动起来?

用权限强迫别人采取行动，或许能够成功一两次，却不可能一直成功

关键在于多沟通，建立起稳固的信赖关系

丰田的独到之处

在让对方理解和接受上多下功夫

29

作业标准要设定得留有余地，然后用大家的智慧进行充实

作业标准可以不断改善

在进行丰田生产方式的"改善"的时候，必须先确定"标准"（作业标准）。如果没有标准，那么我们就不知道是否出现了异常，也不知道改变究竟是好是坏。

比如拧螺丝这道工序，如果有"听到'咔嚓'一声就是拧紧了"这一标准的话，那么就能够客观地区分"拧紧了"和"没拧紧"。但要是没有标准，就会出现上司要求"拧紧点"，部下却说"我认为已经拧紧了"的认识偏差。

那么，标准是由谁制定的呢？丰田生产方式的特征之一就是由现场的人制定标准。而且标准也不用制定得完全准确无误。大野耐一先生说："我们过去一直都认为标准就是脱离现实的理想，是谁也不会实际操作的东西。"

不管多么优秀的理论，如果没有现场实际操作那便没有任何价值。因此，不如将现场正在实际操作的东西整理出来作为标准。如果想激发改善欲望，还可以将标准制定得宽松一些。

这样更容易使现场的工人们开动脑筋，思考更好的方法。关键在于不要严格地完全按照标准来做，而是应该通过自己的智慧"用自己决定的标准来进行替换"。

将"别人决定的内容"改善为"自己决定的内容"

尽管拥有一些共同点，但标准和工作手册在本质上还是有区别的。

标准：由现场的工人制定，可以不断地进行补充和完善。

工作手册：由管理者制定，现场的工人不能对内容进行更改。

被派往合作工厂帮助其进行改善的丰田员工L，每天晚上都会对自己制作的设备进行重新组装。尽管设备并没有出现过什么大问题，完全可以继续使用，但L丝毫也不肯懈怠。他认为"好的'改善'离不开作业者协助，自己以为是100分的'改善'，但实际往往只有50分，只有在实际操作者的建议下才可能实现100分的'改善'。因此，设备每天经过工人们的实际操作后，我都会按照他们的建议进行改善。"

后来，这台设备被大规模地应用在各个生产线上，而"L制作的设备"也变成了"大家制作的设备"。

　　"改善"的目的就是将"别人决定的内容"变成"自己决定的内容",从而找到最适合自己的生产方法。

✏ 这就是世界标准!

　　在进行改善的时候,不管是标准还是设备,一开始不需要追求满分,只要60分就足够了。然后在实际使用的过程中,根据大家的建议不断地进行充实,这就是"改善"。标准不能参差不齐、高低不一,但也不必苛求完美。留有余地的标准更能够激发出人们的智慧。

必须先决定"标准"

如果没有标准

请拧紧一点!

我已经拧紧了啊!

听到"咔嚓"一声就可以了。

"咔嚓"

有标准才能够
客观区分动作是否到位

制定标准的关键在于不要过于完美

L激发大家智慧的故事

让设备用起来更顺手。

根据大家提供的建议进行改善。

非常感谢,我这就试用!

我们的建议都被采纳了!

只有在实际操作者的建议下才可能实现100分的"改善"

丰田的独到之处

让现场的工人自己制定标准,激发他们的智慧和积极性

30

与用钱相比，用心褒奖
更能够激发员工的好创意

制作改善资料就是一种无用功

如今，几乎所有的企业都在进行改善。具体采取的方法暂且不论，但企业几乎都会根据员工提出的建议和顾客的反馈进行改善。有些企业还会经常召开"改善案例表彰大会"。

在气派的会场里对优秀的改善案例进行表彰，听起来很不错吧！但大野耐一先生对这种做法十分反感。丰田的改善团队有一次邀请大野耐一先生出席"改善案例表彰大会"，结果遭到了他的呵斥。

"改善的目的是消除'无用功'。既然如此，为什么还要浪费时间与精力制作改善资料，召开什么表彰大会呢？"

大野先生认为，召开表彰大会必然要花费时间与精力，还要收集数据制作资料，但这些实际上都是"无用功"。只要去现场，改善的成果就一目了然。

准备一个让人渴望站在上面的舞台

某生产企业在半年内执行了7 000余件改善提案。很多前来参观学习的人都惊讶于这个数字，便问道："你们给每个改善提案多少奖金啊？"

但实际上每个改善提案的奖金只有300日元。获得优秀奖的话，奖金为5 000日元，就连最优秀奖也只有10 000日元。

这家生产企业的总经理认为："对改善提案最好的褒奖不是金钱，而是认真听取改善提案。与将钱放在信封里奖励给员工相比，珍惜员工的积极性、感激员工的真心付出才是最重要的。"

据说这家企业之前也采取过重金褒奖的方法，但改善提案只出现了短期增长，却没能长期持续下去。

那为什么现在能够持续下来了呢？答案是这家企业为员工准备了一个非常有诱惑力的舞台。当优秀的改善提案被选出之后，以总经理为首的审查团队会亲临现场与改善提案的提出者进行详细讨论。

一般来说，绝大多数企业采取的都是通过资料进行审查，然后在会场听报告之类的做法。这也是大野先生最不赞成的方法。但是，这家企业采取的方法是由审查员亲临现场，与改善提案的提出者一起看着现场的实际情况，进行深入讨论。

在提案的提出者之中，有年轻员工、合同工甚至临时工。他们当着总经理和其他高层管理者的面，一边用实物进行展示，一边介绍

"我进行了这样的'改善'"。审查员在亲自检查和尝试过之后会先肯定他的想法，然后给出"如果能够这样的话或许会更好""下次试着解决这个问题看看"之类的建议。

这位总经理说："就算员工在介绍改善的过程中表现得不善言辞也没关系，只要他有改善的热情和积极进步的意识就好。"

如果有这样一个可以让你充分展现自身才华的舞台，想必任何人都会充满积极性地想方设法进行改善。

> ✎ **这就是世界标准！**
>
> "改善"不是单枪匹马就能做到的，只有大家集思广益才能够成功。要想让大家都能够积极主动地思考"改善"的良方，一个促进思考的环境是必不可少的。要想让改善活动能够一直持续下去，关键在于认真仔细地听取每个人的改善提案。

对改善提案最大的褒奖就是认真听取改善提案

半年执行了7 000余件改善提案的某企业的故事

对改善提案最大的褒奖并非金钱，而是认真听取

具体来说……

因为有可以充分表现的舞台，所以员工才更有积极性

丰田的独到之处

用金钱之外的方法对改善提案给予中肯的评价

31

manhour的计算是有限的，
但manpower的思考是无限的

人手不足是因为智慧不足

丰田生产方式的"改善"中最重要的一点就是绝对不要依赖简单的方法，而应该最大限度地发挥每个人的智慧。一般来说，企业里每个岗位的人数都是刚好够用的程度。如果我们要想进行改善，最先想到的最简单的办法大概就是增加人手。

某位丰田员工在与一位已经退休的丰田老员工喝酒的时候抱怨说："人手和时间都不够。"结果那位已经退休的老员工反驳道："不够的并不是人手和时间，而是你的智慧。"

曾经，丰田某工厂向生产管理部门提出，如果不增加人手或者将订单外包出去的话，产能很快就要跟不上了。但很快，这家工厂就被大野耐一先生点名批评，增加人手和将订单外包的要求也被驳回了。

生产管理部门十分担心，认为"这样下去不出三个月，订单就要做不过来了"。但是，几个月过去了，却没有出现任何问题。有人去那家工厂打听，原来通过对流程进行改善，那家工厂的产能得到了大幅提高，完全不需要增加人手或者将订单外包了。

生产管理部门向大野先生抱怨道："这家工厂可真乱来！既然能搞定，为什么之前还要提出增加人手和将订单外包的要求呢？"结果却遭到大野先生训斥。

"还不都是因为你们生产管理部门一直都采取简单的解决办法，导致他们一直没有机会进行改善吗？你们一出手就只会给公司造成损失，反而是什么也别干对公司来说才是最好的。"

就算只有"一个人"，智慧也有"无限"的力量

大野耐一先生的说法不无道理。生产管理部门一直以来都按照工厂提出的要求给他们增加人手或者将订单外包出去。但是，大野先生从不会轻易采取这样的做法，就算工厂要求增加10名员工，大野先生的回答也是"给你一个人，剩下的自己想办法"，强迫现场的员工进行改善。

为了不让生产停滞下来，工厂只能拼命地想办法进行改善。最终的结果就是工厂既没有增加人手也没有将订单外包，却可以完成比之前更多的工作。

大野先生这样说道：

"manhour（工时）可以计算，但manpower（人类的智慧）却难以估量。因此，我们绝对不能认为人手不足就肯定无法完成工作。只要有智慧，就能够将能力无限扩大。"

为了使第一代卡罗拉能够与日产阳光相抗衡，丰田英二决定将排气量增加100 cc①，使其达到1 100 cc。大野先生严格要求"绝对不能增加成本，成本要与排气量是1 000 cc的时候一样"。不管生产人员怎么解释甚至苦苦哀求，他也无动于衷，只是坚守着"不增加人手，只发挥智慧"的准则，这也是丰田能够成为世界著名企业的原因之一。

> **✎ 这就是世界标准！**
>
> 改善是智慧与金钱的总和，如果依赖金钱那就难以发挥智慧。在不花费金钱也不增加人手这样极端的条件下，员工就只能努力地发挥智慧的作用。在这种条件下产生出来的智慧，才是企业参与全球化竞争最有力的武器。

---

① 1 cc=1毫升。

不要增加人手，而要发挥智慧

某位丰田员工与退休老员工的对话

不轻易增加人手，这就是丰田生产方式！

不轻易增加人手从而改变现场的案例

因为不轻易增加人手也不将订单外包，工厂只能努力想办法进行改善

丰田的独到之处

被逼上绝境时更能产生智慧

32

与其追究责任，不如找准原因

出问题时也需要褒奖

尽管出问题时立刻关停生产线是丰田生产方式的标准，但关停生产线还是需要很大的勇气，因为关停生产线就意味着停止生产活动，可能给公司带来损失。

外国人对这一点更是充满了恐惧。丰田在美国肯塔基设立工厂的时候，美国人普遍认为关停生产线就意味着自己会被解雇。

为了让美国人认识到关停生产线的必要性，时任工厂总经理的张富士夫先生采取了许多措施。

比如，某天他在现场与员工们一起交流。当问到"发生了什么？"的时候，员工们的回答完全不得要领。他又问："是谁引起的问题？"这让所有人都沉默不语，因为引起问题的人害怕自己会被解雇。最后，引起问题的员工鼓起勇气说明了情况，张先生表扬他道：

"谢谢，多亏了你，让我知道究竟发生了什么问题。接下来大家一起想想解决办法吧。"

通过这件事，张富士夫先生让美国的员工意识到，发现问题就是大家一起进行改善的开始。

追究责任会导致员工隐瞒问题

又有一天，出现了员工拿错黏合剂的问题。因为准备黏合剂是物资管理部门的工作，所以张先生前往仓库调查出现问题的原因时将物资管理部门主管叫了过来。物资管理部门主管以为总经理叫自己是要告诉他"你被解雇了"，所以来的时候意志十分消沉。但张先生只是向他询问："有没有办法防止再次发生同样的问题？"

听到这个完全出乎意料的话，物资管理部门主管感动得泪流满面，然后说出了自己思考的对策。他的回答并不是十全十美，张先生又给出了"还可以采取这样的措施……如何？"的建议。几天之后，物资管理部门主管采取了将原本难以辨认的字全都放大、将不同种类的黏合剂用不同颜色和设计的包装进行区分之类的改善方案。这可以说是一个很大的进步。

就这样，张富士夫先生在美国的工厂里培养出了"发现问题是改善的开始"的良好风气，将美国员工从对关停生产线的恐惧心理中解放了出来。

发现问题的时候，如果先追究责任，那么员工就会刻意地去隐瞒问题。与其追究责任，不如优先找准原因。

某企业的管理者在年轻的时候，一旦接到部下失败的报告，总是会大发雷霆。结果他的部下只在他心情好的时候才来汇报工作，导致他难以掌握准确的信息。后来，他对带来坏消息的部下也说"谢谢你带来如此重要的信息"。于是，整个公司的氛围开始逐渐转变，业绩也蒸蒸日上了。

这就是世界标准！

要想使改善活动能够保持下去，那就不能一味地追究责任，而应该先找准原因。这样做不但能够及时地掌握到完整的信息，还可以培养出积极改善的良好风气。出现问题确实让人烦恼，但只要能够将出现的问题逐一改善，那么生产效率也会随之提高。

培养"发现问题是改善的开始"的良好风气

美国肯塔基工厂的案例

多亏了你，让我知道究竟发生了什么问题。接下来大家一起想想解决办法吧。

要是被解雇了怎么办？

几天后

将字放大，包装也用颜色加以区分。

主管自己思考了改善方案。

不必对总经理隐瞒问题。

消除了员工们对关停生产线的恐惧心理

对失败报告总是大发雷霆的某管理者

发生了这样的事……

你这个白痴！

我犯了这样的错误……

非常感谢你的报告！

因为发火，所以难以掌握准确的信息

不发火之后收集的信息更加全面了

让部下不隐瞒问题马上报告很重要

丰田的独到之处

发现问题是进行改善的契机

丰田生产方式是资源匮乏的日本的"梦幻技术"

将丰田喜一郎先生的Just In Time发扬光大，并且为丰田生产方式打下坚实基础的大野耐一先生这样说道：

"尽管Just In Time听起来就像做梦一样，但决不能断言完全不可能实现。有些看似能行的事，实际做起来却发现根本不行，而有些看似非常困难的事却并非完全无法做到。关键在于如何将人动员起来。"

大野先生生于1912年，逝世于1990年。从名古屋高等工业学校（如今的名古屋工业大学）毕业后，他于1932年进入丰田纺织工作，1943年进入丰田汽车任职，历任机械工厂厂长、董事、副总经理，负责生产管理。

大野先生原本是汽车行业的门外汉，而他之所以能够构建起丰田生产方式的基础，与他在纺织行业积累的丰富经验是分不开的。

日本的纺织业在很早以前就为了能够在世界市场的竞争中获胜而

尝试了许多降低成本的方法，大野先生在丰田纺织不仅学到了佐吉先生的"自働化"经验，还对"多能工化"以及"标准作业"都进行了实践。在如何发挥女性工作能力这一点上也学到了当时日本最先进的技术和理念。

在丰田纺织掌握了这么多技术和经验的大野耐一先生在来到丰田汽车之后发现，日本的汽车产业还处于手工作坊的水平，必须先集齐必要的零件，然后在月末的时候集中进行制作生产，生产现场充满了无用功。因此，大野先生被丰田喜一郎先生提出的Just In Time深深地吸引了。

培养人才是参与全球化竞争的唯一力量

大野先生以生产出理想的产品为目标，开始了不断尝试。

最初，他只是在一部分工厂进行初步尝试。但在经历濒临破产的危机之后，丰田在1950年接到了美军订单，便一口气加快尝试新的生产方式。因为当时丰田刚刚进行了大量裁员，只能以极少的人手生产大量军用卡车。在经验丰富的老员工数量急剧减少、绝大多数都是新员工的生产现场，如何在保证品质的前提下以更低的成本进行生产成了丰田生产方式的目标。

在Just In Time的基础上，将"标准作业"与"看板管理"等制度加入进去，就形成了丰田生产方式。

大野先生最令人称道的一点，就是将"人类的智慧"放在了最重要的位置。

比如，在"自働化"的生产线停止运行的时候，寻找真因并且思考改善方法的是现场的员工。在让现场员工发挥智慧解决问题的同时还培养了人才，这样培养起来的人才能够为了"以更低的成本、更快的速度生产更好的产品"而不断地进行改善。丰田生产方式可以说是第一种建立起这种良性循环的生产方法。

对于资源匮乏的日本来说，智慧堪称日本参与全球化竞争的唯一资源。丰田生产方式就是为了最大限度地利用智慧这一资源而产生的。

说起丰田生产方式，很多人都将目光集中在制度上，但实际上，丰田生产方式的灵魂在于相信人类的智慧、重视人才培养，这两点是丰田生产方式绝对不变的信念。

同时，丰田生产方式也随着智慧积累而不断地发展与进步，还远未达到完美的程度。

第 四 章

对未来进行改善的循环方法——"良性循环"

33

对改善过的地方再次进行改善，用"更好的方法"持续成长

无用功总是不断出现，持续改善才是关键

丰田生产方式的"改善"不只停留在消除现有的无用功上，还要为将来不再出现无用功而不断地进行改善。

这也就是"对改善过的地方再次进行改善，持续进行改善"。

无用功并不是消除一次就一劳永逸了，而是会不断出现。当我们完成某部分的改善之后，很容易产生"已经弄好了"的懈怠心理，但这样就难以发现新出现的无用功了。

只有对已经改善过的地方继续检查，思考"是否还有其他无用功""还有没有更好的改善方法"，这样我们才能够实现持续成长。

某企业的总经理通过改善将企业上上下下每个角落都整理、整顿得井井有条，他对改善的结果十分满意。

以前，在这家企业的生产现场，东西放得乱七八糟，就连老员工

都不知道东西放在什么地方，甚至发生过这样一件让人哭笑不得的事情：一名老员工让一名新来的员工去拿零件，可是那名新员工去了半天也没回来，结果这名老员工又去找新员工了。

于是，这位总经理决心进行改善，员工们也积极地推进5S，通过整理、整顿大幅提高了生产效率。

但有一天，这位总经理在视察生产现场的时候偶然抬头一看，发现棚顶挂着蜘蛛网，低头一看，又发现机械设备底部也全都是灰尘和垃圾。

总经理这样说道："之前我们只对容易看得到的地方进行了5S，今后连不容易看到的地方也要贯彻5S。"

就这样，员工们开始了更加彻底贯彻5S的行动。那些平时难以发现的边边角角处竟然堆积着大量灰尘和垃圾。将所有的死角都清理干净之后，员工们的意识也发生了巨大转变。"对改善过的地方再次进行改善，持续进行改善"的意识自然而然地根植在了员工们的心中。

从此以后，这家企业不但生产效率提高了，在安全和品质等方面也在同类企业之中名列前茅。

只满足于一次改善的话就会止步不前

与刚开始的时候相比，改善进行到一定程度，想要取得更大的成绩就会更加困难。在开始改善的时候，因为能够发现很多无用功，所以改善进展得比较顺利，而且能够立竿见影。但当最初的一系列改善结束之后，再想发现无用功就比最开始的时候更加困难，而且进行改善也要花费更多的时间和精力。这才是决定成败的关键时刻。

大野耐一先生曾经这样说道："昨天改善过的地方可能今天就不行了，今天改善过的地方可能明天就不行了，我们必须有这种意识。如果认为做过改善就高枕无忧，那么我们在这样想的一瞬间就会止步不前。"

> **✎ 这就是世界标准！**
>
> 改变生产方法的时候就会出现新的无用功，需求增加或者减少的时候都会出现无用功，找出无用功并且对其进行改善的行动没有终点。对改善过的地方再次进行改善，虽然听起来很麻烦，但实际上并非如此，只要养成改善的习惯就好了。

决不能只满足于一次改善

某成功进行改善的企业

对不容易看到的地方
也彻底贯彻5S吧!

好, 继续改善!

表面上都
干干净净。

整理、整顿似乎
已经做到位了
……

通过彻底清扫改变员工的意识

对改善过的地方再次进行改善

昨天改善过的地方可能今
天就不行了。如果认为做
过改善就高枕无忧, 那么
就会止步不前。

效果

跨越这一阶段
最为困难

改善

改善需要消耗时间和精力的时候才是最关键的时刻

丰田的独到之处

"坚持改善"看似很麻烦, 但只要养成改善的习惯就好了

145

34

治疗不如预防，
小的清扫习惯比大扫除更重要

做好预防维护，抢先一步进行改善

虽然丰田生产方式的"改善"需要"治疗者"而非"诊断者"，但如果能够在出现问题之前先"预防"，那就更好了。

在无用功之中，最常见的一种就是过量生产。过量生产的理由之一则是"预防设备出现故障导致无法正常生产"。也就是说，要提前准备好足够的产品以备不时之需。

为了解决这个问题，丰田生产方式采取的措施是"预防维护"。如果害怕设备出现故障，那就创建一个可以将设备故障防患于未然的制度。

与在设备出现故障和老化之后才进行修理与零件更换的"事后维修"相比，预防维护主要包括以下三点：

①通过日常检查找出是否存在设备老化的情况。

②通过定期检查和诊断对设备老化的情况进行判定。

③通过预防性修理尽早解决设备老化的问题。

用人体来比喻的话，就是：

①每天通过饮食和运动来保持健康。

②通过体检找出身体有没有隐藏的疾病。

③早发现、早治疗。

人如果在病情严重的时候才开始治疗，那就要花费很多的金钱和时间。机械设备如果在彻底坏掉之后才开始维修，也要花费大量时间和费用，还会造成生产延误，有时候甚至需要重新购买一台设备进行更换。

为了避免出现这种情况，大野耐一先生提出"设备在日常的使用过程中就要进行维护和保养"。他还说："丰田之所以拥有强健的'体质'，并不是依靠'治疗'，而是依靠'预防'。"

让问题不会发生才是最好的改善

"预防优于治疗"最完美的例子就是5S。

"治疗"是"在脏得不像样之后才开始大扫除""因为太脏了导致故障和事故之后才开始大扫除"。

与之相对的，"预防"则是"稍微脏一点就赶紧擦干净""有一点垃圾也要及时捡起来"等日常习惯。只要养成这样的习惯，就可以营造出一个整洁的职场环境，还可以大大减轻事后维修的负担。

有些企业每天会拿出几分钟时间，让所有员工都停下手中的工作，拿起卫生工具进行清扫。

最近，有一些企业开始对可能弄脏职场环境的设备和作业进行检查，并且采取了"通过改善使设备不会将涂料弄得到处都是""通过简化包装减少垃圾"之类的对策，目标就是"创造一个不会被弄脏的职场环境"。

如果能够将"预防"做到极致，那么自然就不需要像大扫除那样的"治疗"了。

职场环境不是自己变脏的，而是被员工们弄脏的。因此，只要将可能会弄脏职场的因素全部改善，那么自然就能够创造出一个整洁的职场环境了。与及时进行"治疗"相比，如何通过改善使"治疗"不再必要更加重要。

🖊 这就是世界标准！

预防维护就是赋予机械人类的智慧，由人类来使用机械，而事后维修则是人类被机械使用。事后维修不但需要关停生产线，还会增加成本，而预防维护需要的时间和成本都很少。人类赋予机械多少智慧，就能够相应降低多少成本。

将问题扼杀在萌芽状态

丰田生产方式预防维护的三点

1 通过日常检查找出是否存在设备老化的情况。

没问题!

2 通过定期检查和诊断对设备老化的情况进行判定。

3 通过预防性修理尽早解决设备老化的问题。

害怕出现故障就要防患于未然

不要等脏得不像样了
才大扫除

稍微有点脏的时候就
立刻擦干净

丰田的独到之处

与尽快解决问题相比,思考怎样做才不会出问题更加重要

35

创新就是"改善"的积累

彻底改善就会成为创新

有人认为，用"改善"消除一些小的无用功，或者削减1日元、2日元的成本，这样的改变太微小、太缓慢了，与"改善"相比，更应该进行创新。

但我想对这些人说："改善"不断累积，将会引发未来的创新。

某企业一向以"勇于创新"著称。这家企业早在21世纪初就让所有生产线用上了太阳能发的电，还实现了零排放，产品的品质更是无懈可击。

但这家企业最初并没有以"翻天覆地的创新"为目标，可以说，前文中提到的那一切都是日常"改善"的成果。

当时，因为大量生产产品的生产线都转移到了中国工厂，剩下的产品都需要多品种少量生产，所以这家企业选择了丰田生产方式的生产方法。首先，彻底地执行了以整理与整顿为中心的5S；然后，撤掉了一条传送带，建立起了将台车连接在一起的"台车生产线"。就在这样坚持不懈的"改善"之中，所有的生产线都被换成了"台车生产线"。

这个时候这家企业发现，以前一条生产线需要50台以上的发电机，但换成"台车生产线"之后只需要一台发电机就够了。消耗的电量也减少到了之前的1/80。

于是，有人提出用太阳能发电来提供电能的想法。经过尝试之后，他们发现，太阳能发电不但完全满足了企业自身的用电需要，甚至可以将多余的电量卖给其他有需求的企业。就这样，这家企业通过不断改善和尝试，成了一家公认的创新企业。

一个"改善"引发另一个"改善"，然后又带来更多"改善"。

这家企业的总经理说："只要能够将'消除无用功'做到极致，那么最终就一定能够实现节约能源和保护环境的目标。"

关键在于积累，不急不躁地坚持下去

还有一家企业，尽管这家企业的总经理也拥有强烈的创新意识，但他是个非常急躁的人。这个月的目标是削减库存，下个月的目标就变成了提高生产效率，再下个月又变成大幅降低残次品率。生产线的负责人抱怨说："每次开会都提出不同的目标，真让人受

不了。"

不脚踏实地去做好一个目标而是急功近利，这样就算总经理身先士卒积极工作也难以取得任何效果。

结果这家企业到最后也没有成为创新企业。

"改善"必须持之以恒，一次性"改善"只能暂时改变现状，但将来还是会恢复原样。因此，只有坚持不断地进行改善，将改善成果不断地累积起来，才能最终实现改革。

> ✏ **这就是世界标准！**
>
> "改善"要持之以恒，哪怕最初只有很小的效果，但累积起来也能够实现重大改革。因此，关键在于相信"改善"的力量，坚持"每天改善，每天实践"。不管企业还是个人，只要能够这样坚持下去，等一两年之后回过头来再看，肯定会发现自己取得了惊人的进步。

坚持"改善"就能带来创新

✕ 以"翻天覆地的创新"为目标

第一个月

彻底执行5S!

因为之前的目标
没取得什么进展，还是
以削减库存为目标吧！

第二个月

完全没有
任何改变
……

第三个月

无法带来有效改革

✓ 坚持进行改善的公司

坚决贯彻
整理与整顿！

作业生产线
减少了。

只依靠太阳能
发电就够了！

小"改善"带来大创新

丰田的独到之处

戒骄戒躁，不要急于追求大变化

36

"改善"的目的是什么？
培养拥有智慧的人才

让改善循环起来

如今很多企业都开始进行改善，"KAIZEN"（持续改善）已经成为全球共通的语言。

但是，不同的企业改善的目的也各不相同。"为了公司的利益""为了生产出更好的产品""为了提高服务质量""为了顾客"……虽然这些都是正确的，但都没有完整地表达出丰田生产方式"改善"的目的。

如果将"为了自己"也列为"改善"的目的之一，那么"改善"在未来的发展情况一定也会变得更加顺利。

某公司为了进行改善而导入了丰田生产方式的"看板管理"，还邀请大野耐一先生到现场进行指导。大野先生在现场巡视了一圈之后问道："你们使用'看板'的目的是什么？"对方回答："为了减少半成品。"大野先生说道："将半成品从五个减少到三个，再从三个减少到一个，最理想的状态是彻底消除，看板固然重要，但使用'看板'的目的并不是减少半成品，而是找出问题。"

让问题可视化，这样才能够找出真因进行改善。在完成一个改善之后又会发现进一步改善的线索，这就是改善的良性循环。让"改善"循环起来才是使用看板的真正目的。

有人才就有未来

当这家企业在大野先生的帮助下终于成功导入丰田生产方式之后，他们的总经理这样说道：

"我一开始完全错误地理解了'看板管理'。减少半成品，就是将员工本来熟悉的工作完全改变，创造出一个比较严格的环境。'看板管理'就是通过创造出一个严格的环境，来迫使员工发挥自己的智慧、提高自身的工作积极性。"

员工在从事自己习以为常的工作时，因为已经轻车熟路，所以不可能再被激发出任何智慧。只有在严格的环境下，员工才会拼命地开动脑筋想办法，保持旺盛的工作积极性并且不断创新。"改善"的关键就在于培养拥有这种智慧和积极性的员工。如果能够通过改善使每一名员工都成长起来，那么企业整体的生产效率自然也会随之提高。将"改善"的效果长期保持下去就是丰田生产方式。

也就是说，对流程进行改善能够培养出拥有智慧的人才。在生产产品之前先培养人才，而"看板管理"与"改善"，都是为"培养人才"这一最终目的服务的工具。

通过"改善"培养出拥有智慧的人才，人才进一步进行改善。于是，"改善"就会成为一种习惯在企业中被确立下来。

那么，要如何通过"改善"来培养人才呢？丰田英二先生曾经明确地指出，人才是决定企业兴衰的关键。

"管理者在培养部下的时候，要让部下青出于蓝而胜于蓝。"

"改善"的直接目的是"以更低的成本、更快的速度生产更好的产品"，但要想将这一状态长时间地保持下去却要依靠人才。只有当人才发挥出自己的智慧和创意的时候，"改善"才能够真正地循环起来。

✎ 这就是世界标准！

"改善"有时候也是为了自己。尽管在遇到难题的时候，我们也难免会产生"改善真辛苦"之类的想法，但只要解决一个问题，就能够得到相应的成长。只有拥有"在生产产品之前先培养人才"的意识，才能够使"改善"和改革长久地持续下去。

"改善"的目的是"为了自己"

使用"看板"的目的是什么？

 使用"看板"的目的是什么？

 为了减少半成品。

 使用"看板"的目的是找出问题。

 原来如此！

使问题可视化	→	找出真因

"看板"是为了保证这一循环而存在的

进行改善

"改善"的目的是什么？

进行改善 →  这里是不是有问题？ 可以这样做…… 这样做就好了！

通过"改善"培养拥有智慧的人才

丰田的独到之处

通过"改善"培养出青出于蓝而胜于蓝的部下

37

从"小改善"到"大改善"，
脚踏实地比急功近利更好

"改善"如果急功近利就难以培养出真正的人才

有人认为"'改善'应该尽量节省时间，一口气做完"。

但事实上，"改善"也是有先后顺序的。只有按照作业改善、设备改善、流程改善的顺序按部就班地进行，才能够真真正正地提高自身的改善能力。笔者认为，要想使工厂实现"自働化"（这里的"自働化"指的是包含人类智慧的丰田生产方式的"自働化"），至少需要24个步骤。

当然，如果有必要的话，"改善"确实可以非常迅速地完成。但在这样的情况下，"培养拥有智慧的人才，创建拥有'改善力'的现场"这一"改善"最重要的目标就难以实现。

比如，当最新型的设备问世之后就立刻将该设备导入工厂，那么现场的员工就会变成被设备使用的人。

某企业的经营者来到丰田的工厂进行参观。他的工厂里也使用了和丰田工厂一样的新型设备。但是，他在参观时发现丰田员工对设备的操作方法与他的员工完全不同。尽管他不太了解具体的情况，但还是感觉自己的员工在工作中存在许多无用功。

他回去之后对设备的使用情况进行了详细调查，结果发现，这批设备是在没有与生产现场的员工进行充分沟通的情况下就急急忙忙地购进的。

按部就班才能培养人才

那么，丰田的工厂又是怎么做的呢？原来，丰田的工厂先将旧设备从事的作业全都换成人工操作，进行彻底改善之后才使用新设备。如果直接将传统的操作方法转移到新设备上，那么无用功也会被保留下来，甚至容易变成难以改变的习惯。

除此之外，丰田的工厂还对新设备进行了一系列改善。如果不在现场对设备进行改善，那么好不容易配备的新设备也难以发挥出真正的价值。如果只是用机械取代原本由人工从事的作业，这根本算不上是对机械设备的有效利用。

这位经营者终于明白：高效生产的关键不在于购进新型设备，而在于不断积累"改善"。于是，他在仔细听取了现场员工的意见之后，开始对设备进行改善。

　　"改善"在短期内可能看不到成效。员工要想提高能力也是需要循序渐进的，首先从最基础的"对这个工具进行改善""对这个工程进行改善"开始积累经验，然后才能"对这条生产线进行改善""对这个工厂进行改善"，最后要敢于挑战"去那家公司，通过改善使其扭亏为盈"。

　　不要害怕花费时间，只有脚踏实地才能取得进步。

这就是世界标准！

　　身处这个瞬息万变的时代，我们在不知不觉中也会随之急躁起来。但"改善"还是应该从小到大循序渐进才好。这样做才能培养出拥有"改善力"的人才，从而在真正意义上提高"改善"的效率，在未来取得压倒性的优势。

"改善" 也有顺序

真正的"改善力"

流程改善

设备改善

只解决了问题却没有培养
出人才，那就毫无意义

作业改善

关键在于使生产现场的员工拥有"改善力"

认识到自己所在企业与丰田在使用新设备的方法上有区别的某经营者

与丰田相比，
我们的无用功
太多了。

听取现场员工的
意见之后
进行改善。

我们现在的做法
有没有感觉
不便的地方？

只配备新设备算不上"改善"

丰田的独到之处

"改善" 切忌急功近利

38

多花些时间做决定，
开始执行之后再追求效率

做决定的时候越谨慎，随后的进展越顺利

以前，丰田是一个"花很多时间做决定，一旦做出决定之后则行动力超群"的企业。

比如，丰田1988年才在美国成立第一家独立生产的肯塔基工厂，与本田和日产进军美国的步伐相比可以说是慢了很多。这还是在1984年丰田与美国通用汽车成立合资公司之后，经过慎之又慎的考虑才做出的决定。

丰田从进军美国市场的第一天开始就坚持进行改善，不管做什么都坚持"一个目的，多种方法"的原则。

在进行改善的时候也先尽可能多地想出改善方案，然后经过综合分析之后选出最好的办法。尽管这样做需要花费很多时间，但如果在这个时候吝惜时间，没经过深思熟虑就采取行动，那么很有可能造成钱没少花但改善效果不理想的情况。在这一点上，丰田可以说是很有感触。

即便速度再快，如果在前进的过程中总是出现问题，那么最后还是会以失败告终，这样就得不偿失了。因此，丰田生产方式采取的办法是"在做决定之前，先将所有的选项都进行仔细对比和分析，选出最好的办法，开始执行之后再追求效率"。

因此，在丰田，不管你提出多么优秀的创意，都会被要求"再想出一个替代方案，然后将这两个方案进行对比，找出哪一个更加优秀"。

多提创意能够开阔视野、增长自信

如果用"A→B"来表示A公司向B公司下订单这一过程，那么"→"这个符号就可能代表很多意思，比如发邮件、发传真、打电话、登门拜访等。尽管发邮件既简单又快捷，但这不一定是最佳的解决办法，有时候登门拜访或许会有新的发现。正所谓"一个目的，多种方法"，也就是说，遇到问题的时候要从不同的角度来思考解决的办法。比如可以从降低成本的角度考虑，也可以从改善人际关系的角度考虑。

令笔者感到有趣的是，有些乍看起来与丰田完全不同的高速成长型企业的高层，竟然也有很多人有类似的想法。

软银的创始人孙正义先生就是如此。他从加利福尼亚大学伯克利分校毕业之后，回到福冈成立了一家只有两名兼职员工的小公司。尽管在创立之初，他就立志要让公司"成为日本第一的企业"，但他先思考的问题却是"应该做什么"。

"首要的问题是选择发展方向，一旦确立了发展方向就要为之坚持奋斗几十年。因此，在选择发展方向这个问题上，哪怕花上一两年也是必要的。"

孙先生先列出了40个事业计划，又附加了25个选择条件，从开始选择到最后做出决定用了整整一年半的时间。

✎ 这就是世界标准！

不只"改善"，做项目或其他任何工作，都应该在做决定之前多花点时间进行思考。因为越是深思熟虑的决定，我们在执行的时候就越有自信。在一开始慎重思考的人和企业，在未来的发展中才能实现飞速成长。

做决定之前要深思熟虑，做决定之后要高效执行

仔细分析，找出最好的办法

再想出一个替代方案，然后将这两个方案进行对比，找出哪一个更加优秀。

这个办法不错！

不管多好的想法和创意

一定要再想出其他方案进行对比分析，选出最好的办法

孙正义先生的思考方法

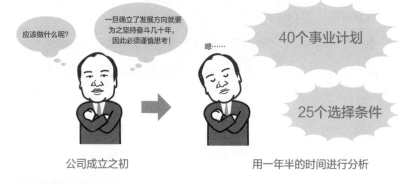

应该做什么呢？

一旦确立了发展方向就要为之坚持奋斗几十年，因此必须谨慎思考！

嗯……

40个事业计划

25个选择条件

公司成立之初

用一年半的时间进行分析

丰田的独到之处

在做决定之前多花些时间思考

39

不要让工作中出现"暗箱"，尽可能自己做

不要轻易购买，自力更生可以促进改善

丰田生产方式有一句话叫"在公司内部做"。这是丰田在20世纪70年代为了应对严格的排放标准研发新发动机的时候，丰田英二先生经常对技术人员们说的一句话。尽管有其他公司直接购买外国技术，但英二先生却坚决不肯直接购买，一定要自主研发。

他有两个理由：一个理由是不能让其他公司来承担研发高难技术的风险，另一个理由则是如果自己不掌握基础技术，那么工作中就会出现"暗箱"。

一旦工作中出现"暗箱"，那么等出了问题的时候就非常难办了。不管是想要进行改善也好，还是想要技术升级也罢，因为自己没有掌握基础技术，所以总是需要依靠外界的帮助。这就会导致"改善"滞后，从长远的眼光来看，会造成非常负面的影响。

在很多情况下，直接购买技术确实是方便快捷的手段。但如果有能力的话，最好还是自力更生、积累经验。

自力更生可以激发智慧

某建筑公司打算对独栋住宅的建筑成本进行改善。要想降低成本就必须缩短工期，但这家公司并不知道应该怎样做。因为这家公司一直以来只负责接受订单和进行设计，具体的建筑作业则全都委托给当地的工程队完成。也就是说，这家建筑公司处于只提交预算和工期，然后便等待对方完成作业的状态。

在这种情况下，他们没办法独立完成改善，必须与工程队合作才行。为了改变这一现状，该建筑公司自己尝试着组建了一支工程队，然后从材料选择到工期计划、从建筑方法到人员安排，对一切相关内容都进行分析，思考哪些地方存在无用功，应该怎样做才能更快更好地完成项目。

在他们自己的工程队做完第一个工程项目的时候，他们还没有搞清楚具体的状况，但在继续做完第二个、第三个工程项目之后，他们终于逐渐掌握了关键。随后，他们以此为基础制定了作业标准，确定了各种原材料的成本价。

通过这一系列"成本改善"，与之前全部外包的时候相比，这家建筑公司不仅降低了生产成本，还缩短了工期。

此外，之前这家建筑公司对客户关于住宅的详细询问都无法给出准确的答案，而现在则完全能够解答客户的疑问，也在与客户的交流中积累了更多关于住宅建设的经验。

很多公司在刚刚起步或者规模很小的时候，一般什么事都亲力亲为，但当公司规模变大、人员和资产增加之后，反而更多地依靠外包。这样做很有可能难以应对未来可能出现的风险。

🖉 这就是世界标准！

自力更生或许会有很多辛苦与挫折，但同时也能够使自身得到锻炼，积累丰富的经验，激发"改善"的智慧。当然，在分工协作越发成熟的当今社会，就算不必任何事都亲力亲为，但在将工作任务外包出去的时候，我们也需要把"这样做才能更快更好"的经验与智慧告诉对方。

自力更生进行技术研发的好处

某建筑公司的"成本改善"

于是

在不断工作的过程中……

尽管自力更生并不容易，但可以锻炼自己

丰田的独到之处

不要完全依赖外包，要用自力更生来积累经验

40

"改善"的最终目标
是让自己的工作变得没有必要

不需要"改善"的状态是"改善"的终极目标

既然说"改善"永无止境，那么"改善"究竟应该以什么为最终目标呢？对于这个问题，有一位丰田员工曾经这样说道："我认为'改善'的最终目标是让自己的工作变得没有必要。"

某企业为了应对顾客的投诉，专门成立了一个"客服部门"。每天，这个部门都会收到大量来自客户的投诉电话和投诉邮件。尽管这是一项非常辛苦的工作，但这个部门里的员工还是以"尽快处理顾客投诉"为目标努力地工作，因为如果不能及时地应对顾客的投诉，后果将不堪设想。

但是，这个部门新来的上司却提出了一个出人意料的观点：

"尽快处理顾客投诉固然重要，但更重要的应该是'思考如何让投诉变成零'。"

顾客投诉都是有原因的，可能是商品本身有问题，可能是在运送过程中出现了问题，还有可能是在接收订单的时候出现了问题。客服部门应该做的是找出投诉的真正原因，然后与相应的部门一起思考改善的办法。

这位上司还补充道：

"最理想的状态是客服部门接不到任何一个投诉电话和投诉邮件。"

这样的话，客服部门就不需要存在了。通过"改善"使自己的工作变得没有必要，听起来虽然有些矛盾，但这确实是最理想的状态。

客服部门的目标不应该是尽快处理顾客投诉，而应该是帮助公司上下进行彻底改善，将顾客投诉减少到零。这就是"通过'改善'使自己的工作变得没有必要"。

工作量增加是因为"改善"不足

在丰田工厂中曾发生过这样一件事，设备维护部门的员工竟然在工作时间打麻将。有人对大野耐一先生抱怨"他们竟然在工作时间打麻将，成何体统"。大野先生一开始也很生气，但他很快便冷静下来。他这样说道：

"修理工上班时间打麻将是好事啊。如果修理工整天忙来忙去的才有问题。他们之所以能有时间打麻将，正说明他们平时的维护保养工作做得好。"

　　如果设备维护部门的工作做得不到位，那么设备肯定经常出现故障，修理工们每天都要忙于维修。但如果每天都坚持对设备进行检查和维护，使设备不会出现故障，那么修理工就不用整天焦头烂额地忙于维修了。大野先生认为：设备维护部门的工作不是忙于维修设备，而是做好检查和维护设备，让维修工作变得没有必要。

> ✎ **这就是世界标准！**
>
> 　　随着改善工作不断深入，以前需要三个人的工作可能现在只需要两个人就足够了。这样的话，自己就可以从中脱身，在别的工作岗位上继续发挥自己的"改善力"。工作量增加、人手增加，这都是因为缺乏"改善"。让自己的工作变得没有必要，这才是丰田生产方式的"改善"。

"改善"的最终目标是什么?

某企业客服部门新任上司的发言

迅速处理客户投诉!

效率第一!

效率固然重要,
但更重要的是如何将
投诉减少为零!

原来如此!

真正应该做的是找出导致客户投诉的真正原因,
然后思考改善方法

曾经的丰田工厂

你们在做什么!

修理工上班时间
打麻将是
好事啊!

工作时间竟然在
打麻将成何体统?

啊?

与整天忙于维修相比,通过每天的维护和保养
使设备不出问题才是最重要的

丰田的独到之处

"改善"的最终目标就是使自己的工作变得没有必要

后记

　　本书中引用的大野耐一先生所说的话，都出自笔者在丰田工作时期所做的笔记，以及在卡尔曼股份有限公司任职的前丰田员工在丰田工作时的见闻。为了使内容更加真实，笔者还参考了大野先生的著作《丰田生产方式》（钻石社）、《大野耐一的现场经营》（日本能率协会管理中心），以及《工厂管理》杂志1990年8月号（日刊工业新闻社）等。

　　本书除了通过报纸和杂志上的相关文章获取灵感与信息之外，还从下列书籍中得到了宝贵的经验，特此表示感谢。

　　《决断——我的履历书》（丰田英二 著　日经商务人文库）

　　《自己的城堡自己来守护》（石田退三 著　讲谈社）

　　《丰田系统的原点》（下川浩一　藤本隆宏 编著　文真堂）

　　《开创丰田生产方式的人——大野耐一的战斗》（野口恒 著

TBS–不列颠百科全书出版社）

《丰田经营系统的研究》（日野三十四 著　钻石社）

《丰田的方式》（片山修 著　小学馆文库）

《谁都不知道的丰田》（片山修 著　幻冬舍）

《丰田如何制造出"最强的车"》（片山修 著　小学馆文库）

《丰田之家》（佐藤正明 著　文艺春秋）

《丰田英二语录》（丰田英二研究会 编　小学馆文库）

《奥田主义改变丰田》（日本经济新闻社 编　日经商务人文库）

《人间发现——我的经营哲学》（日本经济新闻社 编　日经商务人文库）

《我的履历书——经济人15》（日本经济新闻社 编　日本经济新闻社出版局）

《丰田生产方式工作的教科书》（当代社编辑部 编　当代社）

《时刻走在时代的前列——丰田经营语录》（PHP研究所 编　PHP研究所）

《丰田的世界》（中日新闻社经济部 编　中日新闻社）

《丰田之路》（杰弗里·莱克 著　稻垣公夫 译　日本经济新闻社）

《丰田新现场主义经营》（朝日新闻社 著　朝日新闻出版）

本书在策划与编辑过程中，得到PHP研究所的越智秀树先生、宇田富贵先生，艾尔斯有限公司的吉田宏先生，桑原晃弥先生的大力支持与协助，在此向诸位表示衷心的感谢。另外，在本书的撰写过程中，笔者还收到了丰田以及丰田集团的诸位、在卡尔曼股份有限公司成立初期便一直支持着我的诸多经营者以及生产现场第一线员工的许多宝贵意见和建议，在此也向以上诸位表示深深的谢意。